# LE CLAN DES SEIGNEURS
## Immersion dans la caste d'état

Paul-Antoine Martin

# Le clan des seigneurs
## Immersion dans la caste d'état

Max Milo

© Max Milo, Paris, 2022
www.maxmilo.com
ISBN : 9782315010455

*« En se conservant, les élites croient conserver tout ce qu'elles représentent, mais elles ne se demandent jamais si elles sont encore des élites, c'est-à-dire si elles en remplissent les devoirs. [...] Une société où le prestige ne correspond plus exactement aux services rendus, où les classes dirigeantes reçoivent plus de la communauté qu'elles ne lui donnent, est une société vouée à la ruine. J'ai dit, redit, répété depuis vingt ans que la crise universelle dont nous sommes menacés de périr était une crise des élites : le niveau de la révolution monte parce que le niveau des élites descend. »*

Georges Bernanos
*Le Chemin de la Croix-des-Âmes*

*« L'homme qui vit en contact avec le réel, qui travaille sur du réel, a nécessairement le sens du réel : il sait d'instinct ce qui est possible, ce qui est fécond. Ce qu'on appelle le bon sens n'est pas autre chose que cet équilibre que crée dans la pensée et les actes la communion au réel. L'homme de bon sens est toujours un homme relié.*

*L'isolé, le déraciné au contraire – si intelligent qu'il puisse être – n'a pas de bon sens, et l'absurdité éclate dans ses propos et dans ses gestes. »*

Gustave Thibon
*Retour au réel*

À Isabelle,
À Hippolyte,
Aux « Justes »

# Avertissement

Pour une meilleure lisibilité, certains personnages du récit sont empruntés à plusieurs personnes réelles, celles-ci étant, à chaque fois, toujours issues d'une même fonction ou d'une même formation.

Pour les besoins du récit, certains dialogues ont été imaginés, et peuvent de ce fait ne pas reproduire exactement la réalité.

# Prologue

*« Je n'ai pas la force, tout petit individu que je suis, de m'opposer à l'énorme machine totalitaire du mensonge, mais je peux au moins faire en sorte de ne pas être un point de passage du mensonge ».*

Alexandre Soljenitsyne

Depuis des années, chaque nouvelle semaine apporte son lot d'événements mettant en évidence la disparition de ce qui a objectivement fait la grandeur de la France. À l'international, elle s'efforce encore taxnt bien que mal de faire illusion en convoquant le rayonnement qu'elle a eu, mais qui est aujourd'hui révolu. Sur le plan intérieur, en trois décennies l'héritage extraordinaire du Conseil National de la Résistance, admiré par le monde entier, a été dilapidé. Après avoir subi le mépris du pouvoir, l'industrie française n'est plus que l'ombre de ce qu'elle fut. Il aura fallu une crise sanitaire mondiale pour que le pouvoir admette, du bout des lèvres, son immense erreur stratégique. Les services publics, qui ont construit la grandeur du pays, sont progressivement abandonnés ou victimes de choix hasardeux. Dans la douleur, ils s'écroulent les uns après les autres : la protection sociale, l'énergie, la santé, les transports, l'éducation, etc., autant de secteurs qui, dans leur effondrement, fragilisent à chaque fois un peu plus la cohésion nationale et accroissent les inégalités.

Au vu d'un tel constat largement partagé, les Français sont en droit de s'interroger sur la compétence et la clairvoyance de ceux qui les dirigent, et en particulier de sa prestigieuse haute fonction publique.

Sans être fonctionnaire, l'auteur de ce livre a eu l'occasion durant une quinzaine d'années de travailler avec de nombreux hauts fonctionnaires, installés aux commandes d'outils essentiels pour le pays. Compte tenu de la situation du pays, et désormais sans lien avec cet univers, l'auteur considère de sa responsabilité de lancer une vibrante alerte par son témoignage qu'il a voulu le plus fidèle possible.

Ce livre décrit un état d'esprit, celui d'hommes appartenant à la haute fonction publique de l'État. Il éclaire aussi leur façon de se comporter avec les règles élémentaires qui fondent une société apaisée.

Ces hommes disposent du pouvoir. À ce titre, ils font partie de ce que l'on peut nommer *l'élite*. Ils sont essentiellement issus des cinq plus *grands* corps de l'État, lesquels dominent l'immense archipel des corps administratifs, et nourrissent les positions de direction au sein de la machinerie d'État. Pesant de son obscure puissance tout au long du récit, le Corps est l'un de ceux-ci.

Le personnage central d'Ursy en fait partie. Haut fonctionnaire parmi les quelques centaines qui, par leurs fonctions, composent la structure véritable de l'État, il est un maillon de la vaste dynamique du pouvoir. Ce personnage est l'état d'esprit de nombre de ces hommes, ainsi que leur façon d'être.

Dans cette histoire, pas de révélations fracassantes ou de secrets dévoilés, mais la description, malheureusement trop peu connue, d'une tragique médiocrité. Elle est incarnée par des individus que *l'homme ordinaire* espère pourtant bien différents. Il les pense veiller avec noblesse aux intérêts du pays et de sa population. Il les découvrira concentrés sur des préoccupations tout autres, personnelles et corporatistes.

Fier de sa nomination par décret présidentiel, Ursy occupe un poste envié et à enjeux. Dans cet univers fermé, il est un homme dénué d'idées et de culture, passe-partout, cultivant une personnalité sans relief, condition d'une carrière réussie. Comme beaucoup de ses pairs, il est un homme dont la véritable richesse, et malheureusement la seule, est d'appartenir au Corps.

Honoré par la République grâce au prestige de son statut et à son talent de manipulateur, Ursy évolue dans le domaine des transports et plus particulièrement au sein des plus grands ports français. Leur gestion est entre les mains du Corps. Les ports sont des lieux hautement stratégiques pour un pays tant ils sont de très puissants moteurs pour développer son activité économique et son rayonnement.

Malheureusement, alors que ces 20 dernières années l'activité maritime mondiale a bondi de 100 %, sur la même période, celle des ports français a réussi la *prouesse* de progresser seulement de 0,25%. La manne considérable qui a inondé l'Europe a profité seulement aux pays voisins. Pourtant, malgré cet échec majeur qui contribue à affaiblir lourdement et *structurellement* l'économie française, rien ne change vraiment dans la gestion des ports. Cette élite d'Etat continue de les diriger. Elle poursuit dans l'*impunité* absolue et se montre incapable de toute remise en question, protégée à vie sous les ors brillants de la République.

Les faits dévoilés par le récit pourront parfois paraître choquants, grotesques, ils n'en sont pas moins réels.

Ce livre est donc une vigoureuse alerte. Il dénonce un état d'esprit de *seigneur,* profondément préjudiciable pour notre pays, car totalement inadapté pour affronter les enjeux immenses auxquels le pays est confronté.

Le constat est effrayant. On comprendra d'autant mieux la vraie nature de ce qui ronge notre pays, et l'effondrement qui nous attend si rien ne change.

# Chapitre 1
# Le Corps

*« Ce n'est pas le titre qui honore l'homme, mais l'homme qui honore le titre. »*

Nicolas Machiavel
Le Prince

Comme chaque matin en arrivant au bureau, après avoir longé la mer depuis le centre-ville, Vincent Coulanges déposa son cartable, alluma son ordinateur, salua ses collègues et alla se chercher un café au distributeur. Amer et au goût de brûlé, il n'était pas bon, mais Coulanges en avait besoin pour se réveiller. Ce rituel matinal le sortait de la torpeur.

À peine était-il revenu derrière son écran pour consulter ses mails que le téléphone sonna. Le numéro affiché était un numéro parisien. Le ministère, certainement, même si l'heure n'était pas habituelle.

– Allô, bonjour. Coulanges ?

– Lui-même, bonjour, monsieur Touzel, répondit Coulanges, en reconnaissant l'intonation et la voix d'Hubert Touzel à l'accent du Midi.

Hubert Touzel était *commissaire du gouvernement*. Il terminait sa carrière professionnelle de haut fonctionnaire en contrôlant et conseillant avec autorité et assurance les directeurs de port, sans pourtant ne l'avoir jamais été lui-même. D'un naturel plutôt sympathique, parfois désinvolte, il pouvait manier l'humour avec finesse, tout en affichant cependant des principes très arrêtés. Sa voix tonique et légèrement chantante était aisément reconnaissable. Depuis plusieurs mois, il assurait le lien entre Coulanges et le ministère.

– Enfin, c'est fait, très bonne nouvelle ! Votre nouveau directeur vient d'être nommé hier en Conseil des ministres. Ce sera officiel dès sa parution au JO[1]. Il arrivera donc très prochainement pour prendre ses fonctions. Vous verrez, c'est quelqu'un de tout à fait remarquable. Je le connais bien. Il est peut-être le meilleur d'entre nous !

Coulanges marqua un temps d'arrêt. Il y avait dans la façon de parler de Touzel une tonalité supplémentaire qui venait amplifier son enthousiasme habituel. Il était visiblement très satisfait et, commençant à le connaître depuis ces quelques mois pendant lesquels ils avaient eu à travailler ensemble, Coulanges comprit que cette satisfaction était l'expression d'une victoire personnelle.

– Quel est son nom ?

– Ursy, Paul Ursy. C'est un ingénieur du Corps. Vous avez eu de la chance !

– De la chance ? Pourquoi ?

– Parce que ce poste intéressait aussi un énarque. Il a fallu se battre.

– Se battre ? demanda Coulanges, d'une façon faussement ingénue.

– Oui, c'est monté au PM[2] qui a finalement tranché. Bercy s'opposait. Mais, cette fois, nous avons été plus forts qu'eux. Nous ne pouvions pas laisser un énarque entrer dans les ports. Ils cherchent à entrer partout. Depuis que Hollande est passé, à l'ENA, ils n'en ont jamais assez. Ils

---

1. Journal officiel
2. Premier ministre

veulent tout ! Il y a de la place pour tout le monde, mais chacun doit rester chez soi. Alors, on a fait barrage.

– Je vous félicite. J'imagine que vous n'y êtes pas étranger.

– Vous avez raison, j'ai beaucoup œuvré. Oui, on peut le dire, c'est grâce à moi. Je peux m'en féliciter.

– Nous sommes impatients de faire la connaissance de monsieur Ursy, répondit Coulanges en feignant l'enthousiasme.

Tout à son excitation, Touzel avait attendu l'ouverture des bureaux pour être le premier à l'annoncer. Il voulait que l'on sache qu'il était celui qui avait permis aux « *remparts* » du Corps de tenir, sans même mesurer l'absence d'intérêt de son interlocuteur pour cette question.

En raccrochant, Coulanges comprit que Touzel, en tant que membre du Corps, s'était érigé en gardien de l'ordre, convaincu d'œuvrer pour le bien commun, ou plutôt celui de quelques-uns. Sa grandiloquence, totalement décalée avec la réalité du combat dont il était si fier, montrait son absence de réalisme quant aux vrais problèmes qui rongeaient la société. Comme beaucoup d'autres, ce titre de *commissaire du gouvernement*, manquait foncièrement de mesure aux yeux de Coulanges qui avait tout loisir d'observer la réalité du travail fourni. L'imagination dont faisait preuve l'administration en affublant ses hauts représentants de titres ronflants était à chaque fois pour lui une source de surprise.

Depuis quelques années, Coulanges entendait parler de ses luttes entre hauts fonctionnaires, tout en restant totalement étranger à celles-ci. Il n'en connaissait pas les réelles motivations. Ces hommes semblaient consacrer une part importante de leur travail à accroître le poids de leur diplôme dans les plus hautes sphères du pouvoir. Tout à leurs tactiques et manœuvres, ils n'avaient d'yeux que pour les lignes d'influences au sein de la haute administration, comme des tranchées autour du poste convoité.

Ces occupations intestines se déroulaient loin des citoyens. Elles avaient pour finalité d'occuper le pouvoir réel, indépendant de la population et de son humeur versatile. Ce pouvoir que certains nommaient *l'État profond.*

Quelques mois plus tôt, le directeur en poste, Walden, s'était vu proposer une mission exceptionnelle dans un environnement très différent. C'était un homme à l'envergure intellectuelle rare et au tempérament trempé. Un conquérant. Un capitaine d'industrie capable de tenir la barre en toutes circonstances, le courage chevillé au corps et le regard porté sur l'horizon. Animé d'une volonté farouche, il abordait chaque situation sans détour, avec l'esprit du gentilhomme fier d'afficher la franchise et la vérité comme des vertus, quitte à secouer une organisation endormie au milieu d'un monde en mouvement. Il était resté peu de temps, mais il avait construit et réformé dans l'intensité, au point que chaque décision désormais serait marquée de son empreinte originelle. Une telle énergie lui avait valu l'hostilité de ses pairs. Cette implication était pour lui un devoir, pour eux, un danger. Un ministre éclairé l'appela à ses côtés, mais Walden déclina. Il fuyait les luttes claniques, et l'entre-soi confortable. Il avait offert ses services à un groupe industriel étranger d'envergure mondiale, lequel avait vite pris la mesure de ses compétences.

Après une longue hésitation, et plusieurs consultations, Touzel avait fini par demander à Coulanges d'assurer l'intérim, le temps de lancer un appel à candidatures pour le poste désormais vacant. Il estimait que donner les clés d'un établissement public national, qui plus est prestigieux[3], même pendant une période limitée, à un non-fonctionnaire était délicat[4]. Touzel se méfiait des hommes du

---

3. Il existe une cinquantaine d'établissements publics semblables en France.
4. Dans un port, le DG est communément haut fonctionnaire, et le reste du personnel presque entièrement de statut privé.

privé, incapables d'avoir, selon lui, le sens de l'État. À ses yeux, les hauts fonctionnaires ne pouvaient évidemment en être suspectés, ayant été consacrés par l'onction du diplôme.

Touzel craignait aussi que Coulanges s'imagine le poste accessible. Il ne voulait pas lui donner l'occasion pendant l'intérim de révéler une éventuelle ambition et perturber de la sorte le plan établi à la suite du départ de Walden. De plus, ce poste étant classé « *en détachement* », il offrait des avantages très confortables aux seuls hauts fonctionnaires[5]. Dans son esprit, il devait donc revenir à un membre du Corps. Touzel avait donc longtemps hésité avant d'imposer l'intérim à Coulanges, balançant entre l'instinct de préservation et la nécessité d'assurer la gestion courante. Comme il n'imaginait pas assurer lui-même cet intérim, eu égard au prestige de son grade, il finit par le demander à Coulanges, avec une formulation qui n'ouvrait pas au refus.

Étranger à ces interrogations compliquées, Coulanges accepta la demande de Touzel, motivé par le sens du devoir et la volonté de poursuivre les actions lancées par Walden.

Il aurait donc à se rendre régulièrement au ministère pour des réunions, à partager des informations avec le cabinet du ministre, ainsi qu'avec les directeurs des autres ports. A cette occasion, il apprit qu'ils étaient tous, sans exception, du Corps.

Coulanges pourrait côtoyer quelques éminents représentants d'un des corps d'État les plus prestigieux de France. Ce serait pour lui l'opportunité d'ouvrir une lucarne secrète et d'observer de l'intérieur la machine d'État dans ce qu'elle avait, a priori, de plus brillant et clairvoyant.

Cette perspective le rendait anxieux. Il craignait de ne pas être intellectuellement à la hauteur. Son éducation respectueuse l'avait

---

5. 25 % pour l'augmentation salariale, et 10 % à 15 % du salaire annuel pour les primes.

conduit à entourer ces hommes d'une véritable aura. Il les imaginait supérieurs dans leur être et leurs capacités. Puisqu'il allait devoir travailler avec eux, il allait lui falloir dépasser le mythe qu'il s'était construit.

Parmi la multitude des corps administratifs qui composent l'administration, il existe en France environ une quinzaine de grands corps d'État. Chacun regroupe des hommes et des femmes qui ont réussi dans leur jeunesse un concours difficile, leur permettant d'accéder au statut de *haut fonctionnaire*, une catégorie de fonctionnaires que l'on comprend, par la seule lecture du titre, comme étant *spéciale*, largement au-dessus de tous les autres. Le Corps est l'un des cinq corps qui, par leur prestige historique et politique, se détachent de ce petit groupe. À eux seuls, ils couvrent peu ou prou la totalité des postes décisionnaires les plus éminents de la machinerie d'État. Ils constituent ce qu'aujourd'hui on nomme *l'élite*.

Le Corps est très ancien, son origine pouvant remonter au XVII<sup>e</sup> siècle. Il avait pour objectif de former des ingénieurs d'élite, capables d'élaborer une stratégie d'aménagement du pays, répondant alors aux attentes du roi et, désormais, du gouvernement républicain. Dans l'esprit de cette création, le Corps était un puissant cerveau que le gouvernement pouvait questionner sur des questions majeures pour l'avenir du pays. Une fois prise la décision du gouvernement, il appartenait aux membres sollicités du Corps de la mettre en œuvre. Ces ingénieurs d'élite étaient la courroie de transmission indispensable pour un pays qui ne voulait pas *subir* la modernité, mais la modeler conformément à ses objectifs propres, en toute souveraineté. Grâce à des générations d'ingénieurs de cette envergure, les citoyens français profitent aujourd'hui de routes, de canaux, de voies ferrées, de ports... pensés pour le bien collectif et l'efficacité du pays.

Coulanges avait grandi au sein d'une famille dans laquelle intégrité et droiture étaient la colonne vertébrale de tout acte, sans être pour autant des carcans moraux. Cette famille avait le sens du respect des élites et une réelle admiration pour l'appareil d'État, laquelle se transmettait de génération en génération. Chacun adhérait à la légende d'un État, incarné par des élites dont l'abnégation n'était pas discutable puisqu'elles occupaient des positions déterminantes. Cette conception était nourrie de l'idée que plus on s'élevait dans la hiérarchie sociale, plus on se devait d'être exemplaire.

Il y avait dans cet héritage républicain la croyance enracinée d'une équivalence entre prestige du diplôme et grandeur d'esprit, entre intelligence rationnelle et conduite exemplaire. Comme si une loi naturelle et vertueuse modelait ainsi les hommes dans leur évolution ascendante dans la société. Pour le dire différemment, on pensait, avec ce qui s'avérerait être une naïveté pétrie de confiance, que la République offrait des formations prestigieuses à des personnes qui, par la suite, se reconnaîtraient redevables d'œuvrer pour le bien commun. On imaginait ainsi un pacte, d'autant plus magnifique qu'il était tacite, d'autant plus brillant qu'il était fragile. Dans une vision idéaliste, cette fragilité était le bien le plus précieux de notre République, et son intime beauté. Cette croyance était à ce point ancrée dans les esprits qu'elle offrait une confiance profonde à l'élite. La République en avait fait un de ses fondements. Chacun avait la possibilité de s'élever dans la société, à condition d'assumer ses responsabilités et ses devoirs.

Coulanges avait grandi dans cette croyance.

Grâce à la proposition de Touzel, puis à la nomination d'Ursy, Coulanges aurait l'opportunité unique de mesurer, in vivo, la confiance que chacun pouvait *légitimement* apporter à l'élite.

Son regard sur la prestigieuse machinerie d'État en serait bouleversé.

# Chapitre 2
# Des légendes

*« J'évolue... Je suis en train de perdre quelques illusions... pour en gagner d'autres peut-être. »*

Virginia Woolf

Chaque début de mois, les directeurs des plus grands ports de France se réunissaient pendant une journée à Paris, avec différents représentants du gouvernement. Coulanges y était désormais convié. Il voyait arriver la date de sa première immersion avec fébrilité, tout en étant animé d'une vive curiosité. Pour se préparer, il recensa les sujets importants en cours et les questions d'ordre stratégique. Puis, il fit un état d'avancement des principales actions demandées par le gouvernement quelques mois auparavant.

Il était excité à l'idée de pouvoir observer l'élite en action, penchée sur des sujets majeurs et dont le citoyen moyen n'avait certainement pas conscience. Se réjouir d'observer des esprits brillants, capables de tracer un chemin pour le pays.

Coulanges en était convaincu : dans un monde complexe et en plein bouleversement, l'élite s'employait à trouver les meilleures solutions pour le pays. Pendant cette période d'intérim, en être un témoin discret l'enchantait. Il y avait de quoi. L'activité portuaire française était en crise depuis des années, alors que le commerce maritime mondial se développait année après année. Une vigoureuse réaction s'imposait absolument, car la situation était catastrophique.

L'Histoire d'un pays se confond avec celle de ses ports. Les pays ambitieux ont besoin de la mer. Elle fait respirer une nation, et couler dans ses vallées le grand air du monde. Elle enrichit le commerce, l'imaginaire, la culture, et la vie des habitants. Elle fabrique des hommes courageux, conquérants de leurs peurs et de leur avenir. C'est avec de tels hommes qu'elle fait l'Histoire et ne la subit pas. La mer fonde des nations soudées, à l'identité inaltérable. Enfin, et surtout, les ports doivent être un outil *capital* de la stratégie d'un pays. Ils sont l'un des moteurs *essentiels* de l'économie d'un pays puisqu'ils sont le support de son industrie, et de son commerce. De fait, ils *dynamisent* ses transports terrestres, fortifient ses territoires, créent un nombre considérable d'emplois dans tous les domaines, et pour conclure sont un atout majeur pour préserver sa *souveraineté*. Certains ont pu dire que la France était « *bénie des dieux* » parce qu'elle avait un des plus beaux accès à la mer. Coulanges verrait donc au plus près comment l'élite faisait fructifier ce magnifique capital.

Le jour J, il monta à Paris. Il se sentait prêt. Il se rendit à cette réunion comme celui qui gravit humblement le chemin vers le château dominant la région. Puis, au fil des mois, il mettrait à profit cette réunion pour observer comme l'entomologiste le ferait d'insectes sous une cloche de verre. Il noterait ce qu'il verrait et entendrait.

Le lieu de rendez-vous se situait dans un des plus beaux quartiers de Paris, à proximité du parc Monceau. Un peu en avance, Coulanges arriva à l'adresse indiquée, devant un bel hôtel particulier du XIX<sup>e</sup> siècle. Le bâtiment était imposant par sa largeur, sa hauteur et la qualité des moulures qui décoraient sa façade. Sur la porte-cochère en bois sombre verni, une mention discrète sur plaque de laiton invitait le visiteur à sonner. Au-dessus de la porte, le nom d'un architecte était gravé dans la pierre. Intimidé, Coulanges appuya sur la sonnette. Après un court instant, la porte-cochère s'ouvrit et il pénétra dans un large hall au sol couvert de marbre. Logées dans des niches murales, deux statues se faisaient face et accueillaient le visiteur. Au fond, la vasque imposante d'une fontaine dégorgeait de plantes. La loge du concierge étant vide, une pancarte orientait le visiteur vers le vestibule, couvert de boiseries élégantes et ajouré de vitraux colorés de style art nouveau. Au sol, un épais tapis à la dominante pourpre et aux motifs orientaux absorbait tout bruit, l'enfouissant dans le silence du lieu. Même l'agitation extérieure s'était dissoute, comme si elle n'avait d'existence que pour les êtres qui se trouvaient au-delà de ces murs.

Coulanges chercha une indication pour connaître l'étage auquel il devait se rendre. Mais il ne trouva rien. Il se décida et avança vers l'escalier monumental. Des barres de laiton parfaitement astiquées tenaient sur des marches en pierre claire un tapis d'escalier, au rouge flamboyant et bordé de bandes dorées. Dans ce lieu imposant, le silence écrasait le visiteur, comme s'il était une antichambre qui avait pour fonction d'impressionner son esprit avant sa rencontre avec des membres du Corps. Coulanges s'engagea dans l'escalier et empoigna la ferronnerie à la décoration en épaisses feuilles d'acanthe dorées. Il monta lentement, ses pas s'enfonçant dans le tapis voluptueux. Il arriva au premier étage. Là, une seule entrée sur le palier aux murs couverts d'un marbre à dominante rouge, et une large double porte en bois verni, décorée de motifs impeccables en laiton. Sur le côté, une sonnette et une discrète indication « *Présidence Ports* ». Il était arrivé. Il sonna. La porte s'ouvrit. Il entra dans un hall large et long, carrelé de tommettes colorées.

Une femme vint l'accueillir et lui demanda s'il venait pour la réunion mensuelle. Coulanges confirma. Elle prit note de son nom et l'informa qu'il était le premier. Après l'avoir invité à se servir un café, elle lui proposa de s'installer dans la grande salle de réunion. Il y entra et prit une place au hasard à la table qui s'y trouvait. La pièce était large, très haute de plafond et décorée de moulures élégantes. Il y a un siècle, elle avait dû être la pièce de réception de cet hôtel particulier. L'imagination de Coulanges s'activa, peuplant la pièce d'hommes et de femmes de la haute bourgeoisie dans l'ambiance proustienne du début du XX$^e$ siècle. Un salon, des tentures, la lecture de poèmes accompagnée d'un nocturne de Fauré joué sur un piano à queue, des domestiques affairés à servir du champagne aux hôtes de la soirée sous l'œil de la maîtresse de maison. Une atmosphère raffinée dans le Paris brillant de la Belle Époque.

Sa rêverie fut interrompue par des éclats de voix dans le hall. Des hommes se saluaient bruyamment et se congratulaient. D'autres arrivèrent encore et firent de même. Un joyeux chahut s'installa. Coulanges hésitait à se lever et à les rejoindre, quand ils se décidèrent à entrer dans la pièce, comme l'auraient fait les élèves d'une classe de collège. Certains jetèrent un regard vers Coulanges, d'autres ne le remarquèrent pas. À part Touzel, aucun ne vint le saluer. Chacun prit place autour de la table de réunion. L'assemblée était entièrement masculine. Un homme très âgé, arborant la rosette de commandeur de la Légion d'honneur, s'installa au milieu et prit la parole. Coulanges estima qu'il devait avoir environ quatre-vingt-dix ans. Il commença une longue tirade, le phrasé emphatique et traînant, les yeux portés au plafond et ne s'en détachant plus. Au bout de cinq minutes, plus personne ne l'écoutait. Coulanges surprit des regards entendus, et certains plongèrent sur leur téléphone portable ou leur ordinateur, d'autres ouvrirent le journal l'Équipe, d'autres enfin sortirent des documents à lire. Après un long moment, un brouhaha commençait à enfler, car des SMS s'échangeaient des uns aux autres et visiblement détendaient les esprits. Médusé, Coulanges observait cette situation grotesque. Quand le vieil homme commença à évoquer avec admiration la stratégie maritime du président Pompidou, Coulanges comprit qu'il y avait un problème. Une heure passa ainsi quand un homme se permit de prendre la parole avec une humilité feinte et obséquieuse. Il l'interrompit :

– Monsieur le ministre, nous avons de nombreux points à traiter, pouvons nous passer au second point ? Je crains que nous ne puissions épuiser l'ordre du jour dans la matinée.

– Cher ami, vous faites bien de veiller au temps. Je vous en remercie infiniment. Voyez-vous, j'ai presque terminé. Il me semble que ce que j'évoque est essentiel. Encore quelques minutes, et je m'efface humblement pour que notre belle assemblée continue ses importants travaux.

Il reprit la parole et continua son monologue sans prendre en compte la remarque qui venait de lui être faite, le regard rivé au plafond, perdu dans les souvenirs d'une époque révolue.

Coulanges fut intrigué par le titre donné à cet homme. Il se pencha vers son voisin, et lui demanda :

– Pardonnez-moi, qui est ce monsieur ?

– C'est Léon Litorra. Il a été ministre sous de Gaulle, dit-il en esquissant un léger sourire.

Coulanges marqua un temps d'arrêt. Que venait faire là un homme qui avait été ministre cinquante ans auparavant ? Il demanda :

– Il fait quoi maintenant ici ?

– Il est notre président. Il le sera autant qu'il le souhaite. Les statuts le lui permettent.

Il marqua un temps d'arrêt, puis ajouta sur le ton de la confidence.

– Son titre lui donne droit de recevoir chaque année une belle somme pour ses frais de bouche et pour le défrayer de ses autres dépenses.

L'explication était crue, mais claire. Il ne restait pas parce qu'il avait une vision à apporter pour l'avenir. Non, il restait parce qu'il ajoutait de solides avantages en nature à ces différentes retraites d'ancien haut fonctionnaire, de député et de ministre. En échange, une fois par mois, il racontait ses souvenirs au plafond. Son histoire personnelle s'était arrêtée en ce temps culminant où il fut nommé ministre pour seulement quelques mois. Dans son esprit, il restait indispensable à la nation qui devait lui en être redevable ad vitam.

Coulanges regarda tous ces hommes les uns après les autres. À part Litorra, ils étaient tous du Corps. Perplexe, il ne savait pas quoi penser. Désormais, l'ambiance avait dérapé et glissait dans la franche rigolade. Autour de la table, des blagues s'échangeaient par SMS, d'autres jouaient à des jeux sur leur portable.

La matinée passa ainsi.

Quand l'heure de déjeuner arriva, ils se levèrent tous, sortirent bruyamment de la salle et s'informèrent du restaurant qui avait été réservé. Celui-ci était à quelques pas de la Présidence. Coulanges les suivit. Une fois arrivés, tous s'approchèrent de la table prévue pour les accueillir et s'assirent. Il manquait une place. Certains s'excusèrent en riant, d'autres firent mine de ne pas s'en apercevoir. Coulanges comprit qu'il n'était pas convié et qu'ils souhaitaient rester entre eux. Il quitta le restaurant et alla dans une pizzeria quelques rues plus loin.

Des amis l'avaient prévenu du fonctionnement clanique de ces hommes. Il mangea rapidement sa pizza et alla se promener au parc Monceau pour se détendre. Il avait du temps devant lui avant que le travail reprenne. Il marchait dans les allées, au milieu des enfants qui jouaient, et réfléchissait à ce dont il avait été témoin durant la matinée. Il ne parvenait pas à comprendre. Et parce qu'il ne pouvait pas admettre ce qu'il avait vu, parce qu'il restait fidèle à son éducation, il se remit en cause. Il s'imagina que certaines choses l'avaient dépassé, qu'il n'avait pas été en mesure de comprendre.

L'humilité des uns permet l'absence de limites à d'autres. La réalité est parfois si crue qu'elle n'est pas crédible. Alors, on ne la croit pas, et l'invraisemblable a toute liberté pour se maintenir.

Coulanges s'assit sur un banc et se détendit. Dans le parc, la ville ne laissait d'elle pas plus qu'une vague rumeur au fond de l'air. En ce jour d'automne, la douceur était un délice. Il se laissait caresser par le souffle délicat qui traversait le parc et regardait, avec le même enchantement renouvelé, quelques fleurs éclairer la pelouse grasse. Il s'installa dans cette parenthèse. La nature est juste. Toujours juste.

Quelques minutes avant l'heure fixée, il retourna au siège de la Présidence.

Il monta lentement l'escalier monumental jusqu'au large palier du premier étage. Le matin, il n'avait pas remarqué le plafond à caissons et les armoiries qui s'y trouvaient. Elles donnaient une atmosphère aristocratique au lieu, créant une autre pression silencieuse sur le visiteur.

Coulanges était le premier arrivé. Selon l'ordre du jour, une cheffe de service du ministère venait présenter une nouvelle réglementation. Celle-ci était de nature à modifier la gestion des établissements publics concernés. Il posa son cartable sur la table de réunion, puis alla se faire couler un café au distributeur. En marchant dans ce hall aux dimensions imposantes, son regard fut attiré par une série de portraits. Il s'approcha. Il avait devant lui les photos en noir et blanc des hommes avec lesquels il avait passé la matinée. Une galerie de portraits en buste, tantôt sérieux, tantôt fermes, tantôt arrogants ou, pour certains, arborant un sourire manquant de bienveillance. Ces photos frappaient par leur esthétique : une lumière parfaitement maîtrisée, des ombres magnifiquement rendues, une netteté remarquable. Elles avaient toutes un style et une élégance caractéristique. En regardant avec plus d'attention, Coulanges remarqua un logo présent sur chacune. Cela l'intrigua. Il l'avait déjà vu sur des photos, mais ne parvenait pas à se rappeler où. Il resta quelques minutes à observer ces visages. On percevait dans chaque regard assurance et contentement de soi. Ces hommes voulaient afficher qu'ils étaient sûrs d'eux. Le col du costume, la chemise blanche, la cravate, tout était impeccable. Il continua à aller de portrait en portrait quand, d'un coup, il comprit. Le célébrissime Studio Harcourt ! Les photos légendaires de Louis Jouvet, Michelle Morgan, Romy Schneider, du général de Gaulle, ou encore d'Alain Delon, provenaient du Studio Harcourt, le studio des stars et des grands hommes depuis les années 1930. Tout le monde connaissait ces photos extraordinaires. Des photos si belles qu'elles magnifiaient leur sujet au point de le rendre intemporel et de susciter la légende.

Coulanges eut une sensation de vertige devant l'incongruité de ce qu'il voyait. Il sortit son portable pour vérifier et se rendit sur le site du Studio Harcourt. Sa mémoire ne l'avait pas trahi, la même qualité de lumière, la même esthétique. Sur la première page du site, il était écrit : « *La griffe Harcourt s'inscrit dans l'inconscient collectif et poursuit sa quête d'intemporalité, gravant son empreinte dans l'imaginaire du temps. Mémoire picturale des grandes figures artistiques, culturelles et politiques du xxᵉ, la légende s'impose comme une évidence, défiant le temps qui passe* ».

Ces hommes s'affichaient donc comme des légendes françaises.

La sonnette retentit et sortit Coulanges de sa stupéfaction. Une jeune femme venait d'entrer. Elle s'installa dans la salle de réunion.

Il la suivit pour la saluer. Elle craignait d'être en retard. Il la rassura en lui disant qu'il attendait les autres membres de la réunion depuis une vingtaine de minutes. Puis, il profita de ce temps d'aparté pour approfondir avec elle certains points techniques de la réglementation. Une demi-heure passa encore quand des exclamations sonores se firent entendre dans le hall. Revenus du restaurant, ils entrèrent dans la salle et s'installèrent bruyamment. Le président remarqua la jeune femme, excusa brièvement leur retard qu'il expliqua être dû à des questions importantes sur lesquelles ils avaient dû débattre, ce qui fit sourire quelques-uns autour de la table, et lui donna la parole. Elle se leva et, après une introduction d'une grande courtoisie, dans laquelle elle remerciait le président de lui donner l'occasion de faire cette présentation, elle commença son exposé. Elle parlait avec professionnalisme. Le ton était impeccable.

Assez rapidement, Coulanges remarqua que deux ou trois autour de la table commençaient à échanger des regards et des sourires. Il n'y avait pourtant pas de quoi, car cet exposé d'un sujet aride était particulièrement technique. Mais, une hilarité puérile commença à se répandre dans l'assistance. Coulanges ne comprenait toujours pas la cause de cette situation, jusqu'à ce que l'un d'eux fasse tomber volontairement son stylo, se baisse, tourne le regard vers la jeune femme, se relève et, le visage empourpré, pouffe de rire. Habillée d'une jupe courte, d'un chemisier cintré et d'escarpins, la jeune femme aux jambes dénudées avait échauffé le regard de ces hommes, a minima quinquagénaires et probablement tous convaincus d'être de respectables pères de famille. En groupe, ils ne se cachaient pas, sûrs d'eux, comme si rien ne pouvait avoir prise sur eux.

Stoïquement, elle continua son exposé, ne laissant rien paraître. Aucune question ne lui fut posée. Le président la remercia. Elle en fit de même, salua poliment l'assemblée, et repartit.

Coulanges sentait le malaise l'envahir. C'était un mélange de dégout et de honte. La honte d'être mêlé à un groupe qui profitait du statut de ses membres pour s'autoriser un tel comportement.

Le président reprit la parole pour évoquer quelques sujets anodins et remercia l'assemblée pour son attention. Enfin, il se félicita de la qualité du travail mené pendant cette journée, ainsi que de la richesse des échanges. Tout le monde se leva, manifestant bruyamment une réelle satisfaction. Coulanges prit la peine de faire le tour de la table en saluant chacun. Ils le saluèrent sans intérêt et sans le regarder. Une fois dans la rue, il se dirigea vers la bouche de métro la plus proche pour regagner ensuite la gare. Il lui fallait partir, vite.

Une fois à l'intérieur du train, il s'enfonça à sa place et ferma les yeux. Il avait besoin de calmer son malaise. Il mettrait des mois à bien l'identifier, à le comprendre et à s'en détacher. Il se sentait meurtri. La prise de conscience fut si brutale, si violente, qu'il douta encore une fois de la réalité de ce qu'il avait vécu. Ce qu'il avait vu venait percuter de plein fouet l'image qu'il avait de cet univers que l'on appelait l'élite. Une part entière de sa conception républicaine était sur le point de voler en éclats pour être remplacée par du vide.

Le train traversait la campagne à grande vitesse. Le soleil venait toucher l'horizon en cette fin de journée. Coulanges laissait son regard glisser sur ce qu'il voyait à l'extérieur. Les images se recouvraient les unes après les autres ; des fermes, des bosquets, des champs que des tracteurs finissaient de labourer avant la nuit, des prés dans lesquels quelques vaches normandes broutaient en groupe, une biche et son faon se détachant du contour d'une colline. Ces images lui faisaient du bien. Des images d'une vie simple, respectueuse et normale. Il repensait à sa journée. Il était venu pour participer à une réflexion studieuse. Il l'avait imaginée consacrée à des questions d'actualité, qu'elles soient d'ordre stratégique, économique, ou réglementaire.

Mais il avait vu un groupe d'hommes qui s'affichaient avec prestige comme des stars de cinéma, une parodie de présidence, un clan qui n'acceptait aucun « corps étranger », et enfin un groupe de potaches qui n'avaient pas su se tenir correctement devant une jolie femme venue leur parler avec professionnalisme d'un sujet important. Il se refusa cependant à porter un jugement définitif. Peut-être que ce premier rendez-vous avec le Corps était manqué, que des raisons qu'il ne connaissait pas expliquaient la désinvolture décomplexée de ces hommes. Certainement. Comment imaginer qu'il puisse en être autrement ?

Le lendemain, quelques collaborateurs et collègues vinrent le trouver dans son bureau pour lui demander comment s'était déroulée la réunion de la veille. Les lieux de pouvoir créent une fascination, d'autant plus quand ils se trouvent dans la capitale. Même des siècles plus tard, l'image du château médiéval, surplombant la vallée et les villages vassaux, reste encore secrètement présente dans les esprits. On imagine le lieu de pouvoir imposant, froid, démesuré et puissant. Derrière cette image, il y a le désir d'y trouver des hommes exemplaires et dépourvus de ce qui fait la faiblesse de l'homme ordinaire. Le pouvoir est énigmatique. Immatériel, il sidère et crée la fascination.

Coulanges ne put raconter ce qu'il avait vécu et ce qu'il en avait pensé. Il se censura, et dit ce qu'on attendait qu'il dise. Il parla d'une journée riche, studieuse et très fructueuse. Il ajouta qu'il ne pouvait pas être plus précis, car de nombreux points restaient confidentiels. Ils opinèrent tous de la tête d'une façon entendue. Il comprit alors la force étonnante du pouvoir. Ces supposés tacites étaient d'une grande puissance. Il n'avait pas besoin de donner plus d'explications. Chacun comprenait qu'on ne montait pas à Paris pour se dire des choses banales. Les directeurs se disent évidemment des choses confidentielles et importantes.

Le pouvoir se fortifie du confidentiel et de toutes les spéculations qui l'accompagnent. Il se fortifie du non-dit. Pour se maintenir, il a besoin de l'imagination de ceux qui ne savent pas et collaborent à leur insu à nourrir le mystère. C'est le premier pilier du pouvoir.

Coulanges n'était pas fier de lui. Il avait menti à ses collaborateurs. Mais avait-il le choix ? Instinctivement, il s'était obligé à la loyauté envers les directeurs et, de fait, envers le Corps dont il ne faisait pourtant pas partie. Instinctivement, il s'était rangé de leur côté. La loyauté est le second pilier du pouvoir.

# Chapitre 3
## Le clan

*« La vanité est pour les imbéciles une puissante source de satisfaction. Elle leur permet de substituer aux qualités qu'ils n'acquerront jamais, la conviction de les avoir toujours possédées. »*

Gustave Le Bon
*Aphorismes du temps présent*

Les semaines se suivirent jusqu'à la fin de l'année, ponctuées une fois par mois par la réunion parisienne, laquelle se déroulait sensiblement comme la première fois. De son côté, Touzel assurait sa fonction de représentant du gouvernement auprès de Coulanges, tout en veillant à ne jamais être associé à une quelconque décision qui puisse engager sa responsabilité, si minime soit-elle. Pour ce faire, il donnait seulement des consignes et conseils oraux, toujours sans témoin, et n'écrivait aucun message. Coulanges constatait que Touzel faisait preuve de nervosité lorsqu'il était amené à se prononcer sur une situation ou une décision. Il était curieux que ce haut fonctionnaire, à quelques mois de la retraite et à ce niveau de responsabilité, soit si inquiet à l'approche d'une responsabilité. A chaque fois, il adoptait un comportement agressif qui visait à repousser toute demande. Objectivement, pourtant, cet homme ne risquait rien. Absolument rien. Son statut de haut fonctionnaire, sa position très haute, son appartenance au Corps, ainsi que sa situation, le mettaient à l'abri de toute difficulté et, évidemment, de toute perte d'emploi. Lors de réunions dans des ministères, Coulanges se rendit compte non seulement que le comportement de Touzel n'était pas un cas isolé, mais qu'à ce niveau il était plutôt la norme.

Il en conclut que la responsabilité est source d'inquiétude pour de nombreux hauts fonctionnaires et qu'ils la fuient. Ce constat était pourtant aberrant. « Que peuvent-ils craindre ? », se disait Coulanges. Il avait beau y réfléchir, il ne comprenait pas. Un statut si protecteur aurait dû être de nature, au contraire, à les encourager à innover, affirmer librement des positions et, éventuellement, prendre des risques. Ils semblaient timorés face à la décision, sauf lorsque la responsabilité était partagée et qu'un écrit le mentionnait explicitement. Touzel était incapable de la moindre innovation, ou de la moindre prise de risque. Son esprit s'était visiblement construit ainsi au fil des années, comme s'il avait dû se mouler sur un système qui exigeait le conformisme. Il répondait à toute situation par une autre déjà vécue, quitte à appliquer de façon inadaptée la solution alors trouvée. Son esprit fuyait toute situation dont il percevait qu'elle pouvait le mener en dehors de ce qu'il connaissait déjà. Et pourtant, Touzel était du Corps. Il appartenait à l'élite, qui plus est très expérimentée et donc, a priori, pleinement libre d'esprit. Il n'était plus contraint par la prudence à laquelle pouvait obliger un désir de carrière. Il aurait dû être un trésor précieux pour le pays. Pourtant, il semblait incapable de sortir du périmètre de pensée dans lequel il évoluait depuis quatre décennies.

Durant les trois mois qui venaient de s'écouler depuis la première réunion à Paris, Coulanges se renseigna sur le parcours professionnel de ces hommes. Il confirma qu'ils étaient tous du Corps. Il se rendit compte aussi que tous les directeurs avaient le même âge. Il comprit, puis vérifia qu'ils étaient de la même promotion. Ils se connaissaient donc depuis longtemps. En analysant plus finement l'évolution de chacun, il remarqua que leur carrière avait connu une nette accélération à partir du moment où l'un d'entre eux, du nom de Charles, le plus arrogant de tous, était devenu proche du ministre. Charles s'était trouvé bien placé pour ouvrir les portes à ses amis. C'est ce qu'il fit lorsque les occasions se présentèrent, en se réservant toutefois l'un des postes, anticipant le moment où le ministre serait remercié. En peu de temps, six des sept postes furent ainsi occupés par des amis de promotion, la force collective de cooptation des nouveaux directeurs étant devenue de plus en plus efficace au fil des nominations. Une grande partie de la stratégie française portuaire se retrouva entre les mains de ces hommes.

Leur comportement pendant les réunions parisiennes s'éclairait avec ce que venait de découvrir Coulanges. Ces hommes avaient l'assurance que leur donnait la certitude de maîtriser leur position, tous ensemble. Leur arrogance, leur désinvolture, les photos dans le hall, tout devenait limpide. Il garda pour lui ce lien entre les directeurs. Sa position était fragile. Touzel n'aurait pas admis le moindre défaut de loyauté de sa part.

Dans un état d'esprit bien différent de la première fois, Coulanges se rendit à Paris début janvier pour une nouvelle réunion mensuelle. Il savait qu'il y perdrait certainement son temps, mais il savait aussi que son absence ne serait pas tolérée et serait interprétée comme de la défiance.

De toute façon, il avait prévu de faire une présentation au début de l'après-midi. Il avait tenu à ce qu'elle soit portée à l'ordre du jour. Afin de reproduire l'expérience ailleurs, Coulanges souhaitait montrer comment, en adaptant une idée allemande, il avait réussi à apporter localement une solution à l'effondrement du fret ferroviaire qui pénalisait lourdement l'activité des ports français. La développer au niveau national pouvait répondre efficacement à un besoin exprimé par divers gouvernements depuis quinze ans.

Lorsqu'il monta dans le train, il faisait encore nuit. Il alla chercher un double expresso au bar et revint à sa place pour travailler. Il voulait relire et éventuellement apporter quelques ajustements à sa présentation. Il la voulait percutante et persuasive. Il n'aurait pas l'occasion d'une seconde intervention sur le même sujet. Un point l'inquiétait : son discours pouvait-il à un quelconque moment froisser l'assistance ? Alors, une nouvelle fois, il vérifia chacun de ses propos et les éventuelles interprétations imaginables. Il n'était pas du Corps et présentait une solution suite à une demande insistante du ministère. Coulanges se devait d'être particulièrement prudent. Il serait écouté seulement si ces hommes du Corps y trouvaient un intérêt. Après avoir longuement réfléchi, il modifia quelques formulations. Il était prêt. Il referma son portable et laissa son regard profiter de la lumière neuve de l'aube. Il avait neigé pendant la nuit. La nature était splendide.

Arrivé à la gare, il s'engouffra dans les couloirs du métro et, trois quarts d'heure plus tard, entrait dans le bâtiment de la Présidence. Quelques directeurs étaient déjà arrivés et prenaient ensemble un café dans le hall. Coulanges déposa son cartable, se fit couler un café et alla les saluer. Ils le saluèrent, mais poursuivirent leur conversation, lui faisant comprendre qu'il n'était pas le bienvenu. Il s'écarta donc et, pour se donner une contenance, retourna à la machine à café. Les autres directeurs et représentants du gouvernement arrivèrent, ainsi que le président, et tout le monde entra dans la salle de réunion.

Litorra salua l'assemblée, souhaita une très bonne année à tous, n'oublia pas les proches dans une formule convenue, et se félicita des travaux particulièrement fructueux réalisés en ces lieux depuis plusieurs années. Coulanges avait observé que ces hommes avaient l'habitude d'employer des mots qui masquaient une autre réalité que celle dont ils étaient censés parler. Des mots qui embellissaient, qui transformaient, qui racontaient une autre histoire que la réalité. Aussi, le citoyen ordinaire qui entendait de telles phrases pouvait sincèrement les comprendre au premier degré. Pourtant, ces mots n'étaient rien de plus qu'un écran opaque placé devant une machine tournant à vide. Une sorte de décor que ces hommes, habitués à parler en public, avaient construit pour garder les coulisses à l'abri des regards indiscrets. Profitant de la confiance de ceux qui ne savaient pas, ils disposaient dès lors de la plus entière liberté.

Habitué à parler ainsi après des années de pratique, le président finissait par utiliser ce langage même avec des personnes parlant la même *langue*. Les phrases étaient dépouillées de sens. Lisses, elles glissaient dans le vide, tout en remplissant l'espace et en créant l'illusion de la profondeur.

Était-ce une illusion collective ? L'usage de la méthode Coué ? Ou une hypocrisie devenue la norme et dans laquelle chacun trouvait son intérêt, une hypocrisie devenue langage ? Lorsque la réflexion est *exsangue*, il faut meubler. Il faut donner l'illusion que l'intelligence est encore à l'œuvre. Alors, on invente un langage qui ne veut rien dire. Un langage qui a la consistance de bulles de savon. Ce qui était tout à fait frappant était leur façon de vider les mots de leur substance, pour n'en faire qu'une coquille creuse. Ils les dévitalisaient, si bien que les mots se transformaient dans leur bouche en clones insipides. Ce qui importait avant tout à ces hommes n'était pas le sens, ou la vérité, mais plutôt l'illusion avec laquelle ils pouvaient berner autrui. Une façon de le détourner de ce qui pourrait avoir de l'importance pour ne le conduire nulle part, là où il n'y avait plus d'enjeu, là où il n'y avait plus de questions à poser.

Après les quelques mots de Litorra, des SMS commencèrent à s'échanger autour de la table, puis certains lâchèrent des exclamations étouffées. L'un d'eux avait envoyé un message en se vantant d'avoir reçu les vœux d'un politique important. Et les autres lui avaient emboîté le pas.

Litorra continuait à parler dans le vide, mais il ne s'en souciait toujours pas.

À la pause, les choses s'éclaircirent.

Très fier, le premier à avoir envoyé un message montra aux autres la carte de vœux qu'il avait reçue.

– Oui, moi aussi, il m'a écrit ! Et, excusez du peu, à la main ! lui répondit un autre en tendant la carte.

– Les gars, vous êtes des petits joueurs ! ajouta un troisième, en agitant la sienne.

Tous, ils s'approchèrent et regardèrent la carte de vœux.

– C'est le PM ? fit l'un d'eux.

– Lui-même ! Et, regardez-moi ça ! Manuscrite, en commençant par « *Mon cher* » !

– Ouahhh ! Grosse promo en perspective !

La carte de vœux circula entre eux sous des regards envieux.

– Tu as fait quoi pour ça ? Il va te proposer un poste ?

– Je n'en ai encore aucune idée. Mais vous me connaissez, dit en gloussant l'heureux possesseur de la carte, toujours prêt pour servir la France !

Le Premier ministre, animal politique, savait précisément ce qu'il faisait, en écrivant ces quelques mots. Il connaissait trop bien l'attention des hauts fonctionnaires pour ce genre de signe.

« *Servir la France !* » Ces mots, et cette désinvolture allaient résonner longtemps dans l'esprit de Coulanges.

Il était consterné. Cette exégèse puérile de cartes de vœux le laissait sans voix, avec la triste impression de se trouver en compagnie d'adolescents comparant des autographes de sportifs.

Pour la première fois, Coulanges fut convié à déjeuner avec eux. Il accepta, remerciant et feignant la reconnaissance, alors qu'il aurait préféré marcher dans le parc. À table, très vite, la conversation prolongea les discussions autour des cartes de vœux, et se concentra sur les carrières des uns et des autres. Ils s'échangeaient des informations sur les postes disponibles, ceux qui allaient se libérer, et surtout sur la personnalité politique qu'il fallait séduire pour obtenir le poste. Ils dessinaient de la sorte une véritable cartographie de carrière. Coulanges n'avait plus les mêmes hommes autour de lui. Ils les avaient vus désinvoltes, frondeurs et souvent puérils. Ils les voyaient maintenant concentrés, vifs, et tacticiens. Ensemble, ils avaient conquis les plus grands ports du pays. Maintenant qu'ils s'y étaient installés, ils voulaient mieux. Ils pensaient à conquérir ensemble une autre activité économique du pays. Ou une autre strate de l'administration. Mais leur réussite dépendrait de leurs appuis politiques.

Coulanges les écoutait :

– Buisson[6] est trop marqué à droite. On le voit partout en photo avec Bismuth, et puis j'ai discuté avec Gilais la semaine dernière. Il m'a dit que Buisson montrait des signes de lassitude.

– Incroyable... depuis qu'il est son DirCab, il se croit autorisé à raconter ce genre de chose. Tu sais d'où il vient ?

– Oui, je sais... ENA. Il joue évidemment perso en lançant ce bruit.

---

6. Un des ministres « poids lourds » du gouvernement

– Moi, j'ai vu Buisson en pleine forme la semaine dernière. Il a atomisé Dyret devant moi, en faisant allusion à ses tendances sexuelles. Vous imaginez ? Il dézingue devant moi le PDG d'une des plus grosses sociétés françaises. Pas toujours très fin le Buisson. Mais, au moins, il n'a pas la langue de bois. Gilais, un vrai serpent. Il faut s'en méfier.

– Un politique n'est jamais fatigué. Et Buisson est là depuis trop longtemps pour commencer à être fatigué. Il est increvable. C'est un malin. Gilais va finir par se prendre les pieds dans le tapis. Il faut le laisser penser qu'on le croit et qu'on l'écoute.

– Bon, sauf surprise, les prochaines élections présidentielles ne s'annoncent pas en faveur de la droite. Donc, si ce scénario se concrétise, exit Buisson ! Même si d'ici là on peut compter sur lui. Après, ce sera fini.

– Je suis d'accord, il nous faut un autre cheval.

– Facile à dire... On a mis des années pour arriver là où nous sommes. Moi, je pense qu'il faut le garder au chaud et parier sur un maintien de la droite. Buisson sera alors reconduit dans le nouveau gouvernement. Il est incontournable. Et alors on gagnera gros. Moi, en dehors de Buisson, je ne vois pas sur qui miser.

– Comte est en train de se placer pour prendre la place de Buisson si la gauche passe. Je l'ai reçu la semaine dernière, à sa demande. Il voulait que je lui explique toute la mécanique du commerce maritime. Je suis resté prudent. J'ai compris qu'il voulait faire des « propositions innovantes », comme il dit. Il est énarque. S'il est nommé, il placera des types à lui.

– Et nos accords avec l'ENA ? Tu crois qu'il pourrait les piétiner ?

– Il m'en a l'air capable. Je les sens agressifs en ce moment du côté de l'ENA. Ils pourraient bien oser...

– On sait tous qu'un accord, on peut le tordre. On ne s'en prive pas quand on en a besoin. Le nôtre est un peu fragile. On l'a bien vu avec

Gilais. Il ne devrait pas être là. Il a été imposé à Buisson. Il n'a pas eu le choix. Il a eu une grosse pression du PR[7]. L'ENA a touché le jackpot avec Bercy ! Gilais en vient. C'est leur cheval de Troie.

– S'ils vont plus loin, ce sera la guerre.

– Oui, mais je crains que l'on ne soit pas en mesure de la gagner. Ils sont trop présents en politique aujourd'hui. Si la gauche passe, ils sauront rebattre les cartes. Dans la confusion, ça passera. En même temps, je me dis qu'ils n'ont pas la cote dans l'opinion. Ils ne peuvent donc pas se permettre une offensive. Ils préféreront rester discrets. C'est trop risqué. Il y a encore eu un article la semaine dernière sur la fermeture de l'ENA. Dans tous les cas, Buisson est notre meilleur atout. Je pense qu'on n'a pas le choix.

– Je suis d'accord, mais encore faut-il que la droite passe.

– Il nous faudra l'aider autant que nous le pourrons, conclut Charles.

Coulanges écoutait, stupéfait. Ces échanges étaient surréalistes. Il eut l'impression d'être entré à l'improviste dans une arrière-boutique où se trouvait réuni un groupe d'hommes en train de préparer un gros coup. Leur assiduité à cette réunion avait pour seule explication ces discussions libres à table, et non l'ordre du jour fixé au préalable. Ils se retrouvaient pour renforcer la cohésion, bâtir une tactique de groupe, et construire ensemble leur carrière. Un mot l'avait surpris : ils avaient évoqué un accord. Entre les lignes, il avait compris qu'il s'agissait d'une entente entre le Corps et l'ENA. Une sorte de Yalta des postes d'influence dans la haute fonction publique. Rien que ça ! Un partage dans l'ombre, protégé de la curiosité des citoyens et des journalistes.

---

7. Président de la République

Coulanges comprenait mieux maintenant ce qui motivait ces hommes. Tout un pan de ce qu'ils étaient réellement lui avait échappé. Ils étaient hauts fonctionnaires, Français certes, mais, avant toute chose, ils étaient du Corps. Ils devaient être compris avant tout par le prisme de leur appartenance au Corps, leur réelle patrie. Ils lui dédiaient sacrifices et succès.

Après la dernière parole de Charles, la conversation changea de sujet. Désormais, tous riaient des blagues que l'un d'eux faisait. Ils étaient maintenant détendus. Le point officieux, mais majeur, de l'ordre du jour, avait été traité. Coulanges restait pensif. Pourquoi l'avaient-ils invité cette fois-ci ?

Le déjeuner avait duré beaucoup plus que prévu. Ils prirent rapidement le café et retournèrent à la Présidence. Il revenait maintenant à Coulanges de présenter son sujet. Quand ils furent tous installés, il prit la parole et déroula son exposé. Il garda le cap sans se déconcentrer quand il en vit quelques-uns montrer qu'ils ne l'écoutaient pas ou faire ostensiblement des grimaces de désaccord. Il lui sembla conserver l'attention des autres. Cependant, tout en poursuivant, il voyait dans leur regard qu'ils ne réagissaient pas à ce qu'il disait, mais qu'ils l'observaient. Il continuait d'expliquer pourquoi de si bons résultats avaient été obtenus. Mais quelque chose l'intriguait dans l'attitude de ces hommes. Et puis, il comprit d'un coup ce que tous avaient saisi dès le début. Quelques mois auparavant, l'un d'entre eux, Jousse, s'était exprimé en affirmant que cette idée n'avait pas d'intérêt. Cela lui était totalement sorti de l'esprit. Ses propos avaient donc été pris comme une provocation. Les connaissant mieux désormais, il n'y avait pas le moindre doute. Il termina sa présentation, et croisa le regard de Jousse. Il y trouva rage et rancune.

Litorra prit la parole et remercia chaleureusement Coulanges pour sa présentation. N'ayant pas perçu ce qui se jouait, il se tourna vers l'assemblée et demanda s'il y avait des remarques ou des questions. Quatre directeurs prirent tour à tour la parole pour exprimer sèchement qu'ils n'envisageaient aucune application possible pour leur site. Jousse ne dit rien, mais fixait Coulanges. Litorra ne chercha pas à approfondir, et aborda sans autre commentaire le point suivant.

En regagnant sa place, Coulanges glissa dans la nausée. Ce qu'il redoutait avant tout, il l'avait fait. Il avait froissé un membre du Corps, qui plus est devant ses amis. Il ne s'en remettrait pas. Son idée porterait désormais la marque infamante de l'offense et avait perdu tout avenir. Peu importait sa qualité et les résultats apportés.

Une fois l'ordre du jour épuisé et la séance levée par Litorra, Coulanges fit le tour de la table pour saluer chacun avant de partir. Jousse l'ignora.

À la gare, il monta dans le train, s'installa, et souffla, nerveusement épuisé. Il avait besoin d'être seul. Beaucoup de choses se bousculaient en lui. Mais par-dessus tout, il y avait la colère. Une colère brute, qui se répandait partout dans son corps, comme avance un feu de forêt sous le vent. Il avait cru à la méritocratie républicaine. Il avait cru à l'égalité que la devise française arborait fièrement. Et il avait assisté à une discussion d'un cynisme que naïvement il n'imaginait pas possible. En vertu d'un diplôme, des hommes s'étaient partagé les postes d'influence en France, et la dirigeaient. Il avait cru en la démocratie.

Ces hommes ne cherchaient pas à diriger le pays. Ils ne cherchaient pas le bien collectif. Ils travaillaient en groupe pour accroître leur bien. Il leur avait proposé une innovation ayant fait ses preuves et apportant un gain au pays. Ils l'avaient négligée, car la valider revenait à admettre qu'ils pouvaient être faillibles.

Sa colère dépassait très largement ce qu'il avait subi et le mépris dont il avait été l'objet. Elle enflait en lui depuis quelques mois. Il la sentait se nourrir de tout ce dont il était témoin et qui le choquait. Cette élite n'en était pas une. Elle était une imposture. Lorsque l'on porte des responsabilités, on ne peut s'autoriser le cynisme. Et pourtant, ils se l'accordaient sans limitation, dans une complète déconnexion avec ce qu'ils devaient incarner. Le cynisme est alors un autre nom pour le mépris. Ces hommes pétris de vanité, confits dans un orgueil qui ne laissait aucune place à un minimum de noblesse, ne pensaient pas dans l'intérêt du collectif.

Trois cents ans plus tôt, Louis XIV avait dit : « *L'État, c'est moi !* ». Et il avait construit une France respectée au cours de son règne et au-delà.

Aujourd'hui, ils pensent *: « L'État, c'est pour nous !* ».

Mais eux ne construisaient pas et la France n'en finissait pas de s'effriter.

Une fois nu, le roi était laid. Affreusement laid.

# Chapitre 4
# Des hommes dévoués

*« Les esprits d'élite discutent des idées, les esprits moyens discutent des événements, les esprits médiocres discutent des personnes. »*

Jules Romains

Le lendemain, le retour au bureau fut pénible. Cette autocensure, qu'il s'était lui-même imposée, devenait pesante. Mais, il l'avait choisie. Il ne pouvait donc plus faire marche arrière. Il s'était piégé en quelque sorte et vivait désormais mal cette déloyauté vis-à-vis de ses collègues et collaborateurs. Quand on le lui demandait, il continuait à parler avec enthousiasme de ces réunions parisiennes, de la construction d'une stratégie forte, et de la décision de mettre en œuvre des projets répondant à l'attente des clients. Autant de sujets qui justifiaient ces réunions et rassuraient ses collaborateurs. Il continuait à rester volontairement évasif sur certaines questions qu'il qualifiait encore de confidentielles.

Cette situation lui fit découvrir comment naissait le pouvoir, de la rencontre entre le désir d'être dirigé et la position de diriger. « Désirer être dirigé » ne supposait pas nécessairement un choix réfléchi. Ce désir était de l'ordre du consentement. Consent celui qui ne dit pas non, et ne s'oppose pas. En installant Coulanges dans la position de diriger, Touzel lui avait remis le pouvoir. Personne ne l'avait contesté. Chacun avait consenti et admis que désormais il dirigerait.

Mais alors, comment comprendre le rôle du Corps ? Il ne disposait d'aucun pouvoir officiel exercé dans le cadre d'un fonctionnement transparent. Le Corps n'avait donc aucune place à tenir dans une architecture démocratique du pouvoir. Inconnu du citoyen, Le Corps semblait pourtant peser dans l'architecture du pouvoir. Peut-être même était-il essentiel. Le déjeuner au restaurant avait été l'occasion d'une brutale prise de conscience.

Le Corps n'était pas seulement un relais neutre du pouvoir. Il était avant tout un faiseur de pouvoir. Coulanges entrevoyait une action plus profonde, et la possibilité qu'il soit un organisateur de pouvoir. Or, nulle part, il n'était fait mention d'une telle influence. Pourtant, le Corps agissait au sein d'une démocratie, dans ses espaces de pouvoir, et se mêlait à ses lignes de pouvoir. Tel un fantôme, il agissait sans trace visible et ne laissait aucune prise au citoyen qui ignorait jusqu'à son existence.

Bien sûr, il existait des rumeurs insistantes sur le Corps. Son influence, son lobbying, son emprise sur le pouvoir. Autant d'arguments négatifs que quelques détracteurs avançaient. Mais, jusque-là, faute de faits et encore peu intéressé par la question, Coulanges les avait écoutés comme des légendes urbaines, alimentées par des jalousies ou des rancœurs. Lorsqu'on les interrogeait sur le sujet, les membres du Corps rejetaient toujours ces allégations d'un revers de main. Ils pouvaient réagir avec colère à l'idée que l'on puisse leur reprocher quelque chose, et juraient, main sur le cœur, qu'ils étaient d'humbles serviteurs de leur pays, lui sacrifiant leur vie. Ces hommes étaient passés maîtres dans l'art de manipuler la réalité en quelques mots.

C'était donc presque par effraction que Coulanges avait commencé à découvrir le fonctionnement du Corps, ainsi que sa réelle motivation. Sans ce déjeuner et ces réunions, il aurait pu garder ses illusions en pensant que l'élite avait à cœur d'œuvrer pour son pays.

En démocratie, il est nécessaire d'assurer le consentement du peuple pour conquérir le pouvoir et en disposer pour la durée d'un mandat. Mais dans le cas du Corps, qui avait consenti à quoi ? Pour consentir, il faut un minimum de conscience, et donc de connaissance. Qui était conscient de son existence, de son influence et de son action ? De quelle nature était un pouvoir dont quasiment personne n'était conscient, et auquel personne n'avait donc consenti ?

Deux semaines passèrent, quand il reçut une invitation pour se rendre au cocktail organisé à Paris pour le départ d'un certain Schlumberger. Ne connaissant pas l'intéressé, il sut qu'il ne la devait qu'à la confusion que son statut de directeur, aussi éphémère soit-il, avait pu produire dans l'esprit de l'organisateur. Ce dernier avait dû trop hâtivement considérer qu'il y avait automaticité entre le statut de directeur et l'appartenance au Corps.

Ce type d'événement rebutait Coulanges. L'idée d'y assister le plongeait par anticipation dans l'ennui. Il vivait ces moments d'hypocrisie mondaine avec une lucidité qui l'empêchait d'y trouver le moindre intérêt. Il se forcerait cependant à y aller et essaierait de faire bonne figure au milieu des échanges de banalités. Mais, contre toute attente, cette soirée fut riche d'enseignements.

Dans cette assemblée essentiellement masculine, les membres du Corps étaient entre eux, en petits groupes fermés, échangeant sur leur sujet favori : leur propre carrière, la carrière des autres, et ceux qui pourraient les aider à *monter* plus vite. Seul Touzel restait accessible et, pour ne pas être à l'écart de tous, Coulanges se mêla à la conversation qu'il menait avec un de ses collègues du Corps. Celui-ci venait d'être nommé commissaire du gouvernement. Devant le buffet richement approvisionné, la main gauche tenant un verre de bordeaux, et la droite s'affairant entre les petits-fours au foie gras, les deux hommes devisaient gaiement. Visiblement réjoui, l'interlocuteur de Touzel lui avouait avec une étonnante ingénuité :

– Pour ce qu'on est payé, c'est génial ce poste ! Et quelle paix royale !

– Je te l'avais bien dit.

– On se promène, on donne des conseils, on n'est responsable de rien...

– Il faut bien profiter un peu, avec tout ce qu'on a donné.

– Oh, tu sais, moi je n'ai jamais eu à me plaindre, dit le nouveau commissaire du gouvernement avec un geste qui disait la tranquillité.

– Moi non plus, mais il ne faut pas trop le dire !

– Bien sûr, tu as raison.

– Veille à avoir l'air débordé, stressé, et on te fichera encore plus la paix. Dans ce poste, il faudra vraiment que tu te forces, car ça n'arrive pas souvent... Le plus efficace, c'est de faire croire que tu as une grosse pression du « cab »[8]. C'est imparable.

– Tout un art !

– Oui, c'est exactement cela. Tu verras, on apprend très vite ! N'oublie pas aussi que tu peux t'arranger pour prendre des missions dans des « machins » internationaux : l'ONU, la Commission européenne... Ils paient très bien. Je connais bien la combine maintenant. Demande-moi si tu veux en être. Tu te promènes à l'étranger et c'est le jackpot !

– Hubert, on m'avait bien dit que tu étais la sagesse même !

---

8. Cabinet du ministre.

– J'ai surtout des heures de vol dans notre belle haute administration ! dit Touzel avec ironie.

En l'écoutant, Coulanges pensait à une vidéo qui circulait sur
Internet, dans laquelle un jeune énarque racontait avec satisfaction
l'intérêt d'être haut fonctionnaire à la Cour des comptes. On y voyait
la désinvolture, et l'inconscience saisissante d'un homme détaillant
les privilèges outranciers dont profitait cette élite. Cette vidéo qui
avait tout d'une provocation n'en était pourtant pas une. Elle n'était
que l'expression de l'état d'esprit d'un homme qui, pourtant, devint
président de la République trente ans plus tard.

Touzel ajouta :

– Et puis, on est du Corps tout de même, on mérite au moins ça !
Quand je vois tout ce qu'ils se mettent dans les poches dans le privé !

– Tu en as d'autres des bonnes combines ?

– Oui, maintenant, je crois que je vais prendre exemple sur notre
cher ministre Caplé. Il faut le reconnaître. C'est un vrai « pro » dans
ce domaine, celui-là. Il apprend vite ! À croire qu'il a fait ça toute sa
vie. S'il était aussi bon sur ses dossiers… Bref, sa technique est bien
huilée maintenant. Son cabinet trouve le prétexte de la visite d'un
chantier dont tout le monde se moque à proximité de là où il veut
passer le week-end. Il débarque le vendredi matin. Le préfet, qui a été
prévenu, est obligé de le recevoir. On sort les drapeaux, les discours
et les journalistes. Caplé y passe en coup de vent, accorde une interview « langue de bois », et c'est le début du week-end aux frais de la
princesse. Ni vu ni connu ! Et dire que les Français le voient ensuite
au 20 heures et s'imaginent qu'il bosse ! Il est vraiment très fort !

Touzel marqua une pause et ajouta en riant :

En tout cas, tu es bien tombé. Les ports, c'est sympa, car ils sont
toujours au bord de la mer, et on y a tous les postes ! Et puis, ça force
pas trop…

– Bref, en famille !

– Exactement ! Ah, j'oubliais ! Il y a aussi une très bonne astuce. Comme on suit plusieurs établissements, arrange-toi pour les visiter les uns à la suite des autres, et tu envoies des notes de frais kilométriques comme si tu faisais à chaque fois le déplacement depuis Paris.

– Et le directeur signe ?

– Il n'a pas le choix ! Il sait que le ministère me consulte sur ses projets. Et puis... en général, il est aussi du Corps. Donc, il n'a pas intérêt à ce que les bonnes habitudes se perdent. On ne sait jamais, il peut aussi en profiter un jour ! dit-il avec une évidente malice dans la voix.

Ils éclatèrent de rire.

Coulanges ria avec eux, convaincu que Touzel plaisantait.

Ils furent interrompus par une voix au micro qui réclamait l'attention de l'assemblée. Tout le monde se tourna vers la tribune. Le silence se fit. Légèrement sur le côté, un homme trapu, au physique quelconque et au crâne dégarni, se tenait les bras croisés sur la poitrine. À la façon qu'il avait de toiser l'assemblée, tel le dominant dans la meute, Coulanges comprit qu'il s'agissait de Schlumberger. À ses côtés, un autre homme, en complet costume, s'approcha du micro et commença un discours. Il alternait traits d'humour léger et compliments dithyrambiques à l'égard de Schlumberger. Son discours, pourtant sans épaisseur, sans culture et lisse, plaisait à l'assemblée. Certains s'échangeaient des regards pour exprimer leur enthousiasme. D'autres se tournaient vers leur voisin et, avec un ton admiratif, lui glissaient : « *Qu'est-ce qu'il est brillant !* ». Quand il eut terminé, il céda la place à cinq autres hommes qui, à leur tour, rivalisèrent de compliments, tous plus dégoulinants les uns que les autres.

Touzel s'approcha et glissa à Coulanges :

– Au cas où vous ne le sauriez pas, Schlumberger part chez Oceanica. Il entre au directoire. Belle opportunité. Nous l'avons appris il y a deux semaines. Il se trouve que sa femme est une amie proche d'un ministre influent.

Coulanges perçut de la jalousie dans le propos de Touzel.

– Vous pensez qu'il y a un lien ?

– Non, c'est certainement fortuit, répondit Touzel, réalisant sa bourde.

– Je vois aussi qu'il a de grands amis... dit Coulanges avec ironie en désignant du regard les complimenteurs.

– Oui, surtout depuis deux semaines. Il y a des situations où l'amitié est désirée plus ardemment que dans d'autres. Les salaires ne sont pas les mêmes chez Oceanica que dans notre administration.

Oceanica était un fleuron industriel. Durant la dernière décennie, cette entreprise avait pu bénéficier de très belles commandes publiques de la part du gouvernement. Aujourd'hui, elle exportait sur les cinq continents.

Coulanges regardait avec détachement, et un certain mépris, cette servilité qui ne se cachait pas, certaine même qu'elle en serait plus efficace. Malgré leur niveau de responsabilité, ces hommes manquaient cruellement de dignité. Manifester sans retenue, et en public, autant d'appétit et de courtisanerie était consternant. Cette parade amoureuse avait quelque chose d'obscène. De son côté, Schlumberger trouvait un plaisir évident à écouter son portrait, remerciant chacun des témoins par une chaleureuse accolade.

Puis, enfin, il prit la parole. Il parlait lentement, émaillant ses phrases de silences calculés pour afficher une grande maîtrise de lui-même. Schlumberger voulait être admiré. Il ne parla pas de la politique industrielle du pays ni des grands enjeux actuels, mais cita des actions qu'il avait menées. Sans marquer la moindre humilité, il s'appropria la réussite des projets qui avaient connu le succès et, pour les autres, rejeta la responsabilité sur les « bureaucrates de Bruxelles ». Quoi qu'il advienne, un membre du Corps ne pouvait être tenu responsable d'un échec. Une erreur ne pouvait lui être attribuée puisqu'ils s'étaient décrétés, par essence, infaillibles. Ces hommes étaient supérieurs aux autres. C'était ainsi.

Pour finir, Schlumberger se lança dans un long discours à la gloire du Corps qui « *préparait la France de demain* » ; un Corps « *dont le pays pouvait être fier* » ; un Corps « *dont chaque membre était un artisan indispensable au prestige national* » ; un Corps « *qui devait d'être plus représenté dans les gouvernements et dans la gouvernance des entreprises* » ; un Corps « *qui avait une voix primordiale à faire entendre pour le rayonnement du pays* » ; un Corps qui... etc. Bref, un Corps qui méritait d'être récompensé encore et encore pour sa valeur inestimable.

À ce moment, Schlumberger marqua une longue pause, puis il termina par ces quelques mots, aussi cinglants que son physique était nerveux :

– Messieurs, dans notre pays, il y a cinquante pour cent de cons, quarante-cinq pour cent de médiocres, et cinq pour cent d'élite. Nous, nous sommes l'élite de l'élite !

Cet homme avait-il vraiment dit cela ? C'était trop incroyable pour être possible. Coulanges était abasourdi. Il se sentit vaciller. Il se mit à l'écart et s'appuya contre un mur. La chaleur était suffocante. Il avait besoin de respirer. Il sortit du bâtiment pour trouver un peu d'air. Un homme fumait une cigarette devant la porte. Leurs regards se croisèrent.

– Vous y étiez, vous aussi ? lui dit-il.

– Excusez-moi. À quoi ? lui demanda Coulanges.

– À la célébration du départ de Schlumberger.

– Oui, j'y étais...

– Vous avez eu besoin de sortir, je vois.

– J'ai besoin de prendre l'air en effet.

– Je vous comprends. Moi aussi, j'avais besoin de prendre l'air.

– Vous aviez trop chaud ?

– Oui, trop chaud, on peut le dire... répondit l'inconnu en faisant une moue désabusée.

– C'est stupéfiant... Je n'en reviens pas, dit Coulanges en reprenant lentement ses esprits.

– Dois-je comprendre que vous n'en êtes pas ?

– Vous avez bien compris. Ça se voit à mon expression, j'imagine, fit Coulanges avec un brin d'humour.

– Alors nous sommes deux. Ce que nous avons entendu ce soir est affligeant.

– C'est le moins que l'on puisse dire. Mais je crains que nous soyons les deux seuls à le penser.

– Vous avez raison. Ce discours n'en a certainement choqué aucun. Au contraire. Il n'a fait que les renforcer dans leur certitude de supériorité. Ces hommes sont *hors sol*.

– Ils se comportent comme des aristocrates de l'ancien régime. Ils *sont* la nouvelle noblesse, mais sans rien d'aristocratique, répondit lentement Coulanges.

Cette réponse lui était venue sans réfléchir. Il savait mettre un mot désormais sur ce qu'il voyait. Il salua son interlocuteur et prit congé de lui. Il avait besoin maintenant de marcher dans la nuit et de respirer l'air frais. Il traversa Paris, se laissa envahir par le voile apaisant de la nuit et, après une heure et demie de marche, rejoignit son hôtel.

Le lendemain matin, il prit le premier TGV. Dès son arrivée à destination, il fila au bureau. Ces déplacements lui faisaient perdre une journée de travail à chaque fois. Il lui fallait rattraper le temps perdu les jours suivants afin de ne pas accumuler un retard préjudiciable à ses collaborateurs.

Il avala deux cafés serrés, et se cala derrière son ordinateur. Il passait en revue des dizaines de mails en attente, quand le téléphone sonna.

C'était Touzel.

– Allô, Coulanges ? fit-il avec une voix forte et décidée.

– Bonjour monsieur Touzel, c'est moi-même.

– Je voulais vous dire. Je passerai en fin de semaine, vendredi matin. Je voudrais voir où vous en êtes du budget.

Coulanges marqua un temps d'arrêt.

– C'est que... nous avons à peine commencé. Nous ne le présentons que dans deux mois. Je n'aurai pas grand-chose à vous montrer.

– Alors c'est parfait ! Justement, je voudrais discuter des hypothèses que vous prenez.

– Nous ferons comme vous le souhaitez, mais il me semble que c'est prématuré et que nous travaillerions plus efficacement si...

– Écoutez, j'ai des années d'expérience, alors je vous propose de faire comme je dis. À vendredi, et n'oubliez pas de me commander mon taxi à la gare que je n'ai pas à attendre.

Touzel raccrocha.

Au même moment, avec sa jovialité habituelle, l'assistante de Coulanges entra dans son bureau, commença une phrase, mais s'arrêta net en voyant son expression.

– Que vous arrive-t-il, Vincent ? Vous en faites une tête !

– La soirée d'hier m'a épuisé.

– Euh... oui, ça se voit en effet. Je viens d'avoir l'assistante de Touzel au téléphone. Il sera là vendredi matin.

– Je viens de raccrocher avec lui. Il veut voir le budget. Je ne comprends pas pourquoi à cette époque de l'année.

– Son assistante m'a dit qu'il avait un emploi du temps chargé, car, en trois jours, il visite les trois ports qu'il supervise.

– Alors je viens de comprendre...

– Vous parlez par allusions...

– Pour le moment, oui. Un jour, je raconterai peut-être.

Frédérique lui donna les documents qu'elle avait en main et le laissa.

La veille, lors de la soirée de Schlumberger, il avait réellement cru que Touzel plaisantait. En fait, il l'avait testé. Coulanges n'avait rien dit, pire... il en avait ri.


Comme prévu, le vendredi suivant, Frédérique annonça à Coulanges l'arrivée de Touzel. Les deux hommes se servirent un café et s'enfermèrent dans le bureau de Coulanges. En moins d'une heure, ils avaient fait le tour de la question. Ils discutèrent alors à bâtons rompus de différents sujets pour occuper le temps, Touzel ayant prévenu dès son arrivée qu'il lui faudrait repartir à midi. La discussion en vint à la nomination d'un directeur au poste vacant. Touzel ne semblait pas satisfait des candidatures reçues jusqu'à présent. C'est alors que Coulanges lui dit :

– Je me porte candidat. Vous avez besoin d'une lettre de motivation ?

Cette parole était sortie d'un coup. Il n'avait pas prévu d'en parler ce matin. Il y avait un peu réfléchi les semaines précédentes. Cependant, il hésitait. Il se sentait à l'aise, et capable d'apporter de bonnes idées, mais ce qu'il avait vu ces derniers temps lui imposait de mûrir sa réflexion.

Visiblement, Touzel ne s'attendait pas à cette déclaration de Coulanges. Il donna l'impression de buter contre une pierre en marchant.

Coulanges scruta ses réactions. Il perçut un éclair d'acier traverser son regard. Comme si affleurait à ce moment-là un *autre* Touzel, sans humour, froid, tranchant. Un Touzel qui se sentait agressé. Puis, cet éclair disparut. Il fit alors venir sur ses lèvres un sourire presque paternaliste, et dit :

– C'est intéressant et je prends note de votre candidature. Mais vous savez, mon brave Coulanges, même s'il est ouvert, c'est un poste *réservé*.

– *Réservé* ? Que voulez-vous dire ? lui répondit Coulanges en ne réagissant pas au qualificatif de « brave ».

– C'est un poste pour un membre du Corps. On ne peut pas le dire, mais c'est ainsi.

– Et pourquoi ?

– Ça leur assure d'avoir des postes intéressants.

– Quel que soit leur niveau ?

– Un membre du Corps est toujours de qualité.

Touzel laissa passer un instant, et fit un rictus ennuyé.

– Je vais voir ce que je peux faire, mais je ne vous garantis rien.

– Qui propose pour la nomination ?

– C'est le ministère, mais mon avis peut aussi compter.

En renvoyant la décision au niveau du ministère, à une entité aussi impersonnelle et abstraite, et que Coulanges ne côtoyait pas, Touzel faisait comprendre à Coulanges que ses chances étaient nulles.

– Il me semble que M. Pacot ne fait pas partie du Corps ? répondit Coulanges en évoquant le nom d'un homme qui avait été nommé à un poste semblable quelques années auparavant.

– Vous avez raison. Mais, c'est l'exception qui confirme la règle. La femme de Pacot siégeait au conseil de surveillance d'Oceanica. Vous comprendrez aisément, je pense, que sa candidature était à considérer avec attention.

La réponse de Touzel était si lourde de sous-entendus que Coulanges préféra ne pas chercher à argumenter.

Mais Touzel poursuivit avec un sourire qui se voulait amical, tout en restant paternaliste :

– Vous faites un très bon travail, Coulanges. C'est extrêmement appréciable, vous savez. Les membres du Corps ont besoin d'avancer dans la carrière. Vous serez très précieux à votre futur directeur. En mettant en avant votre travail, nous allons attirer de très bons éléments. C'est une chance !

Machinalement, il porta le regard à sa montre, et eut une expression de surprise. Il était presque midi.

– Je suis en retard ! Je dois filer ! Je vous souhaite un très bon week-end.

Touzel se leva, prit ses affaires et quitta le bureau de Coulanges, pressé de rentrer chez lui pour profiter du week-end.

La semaine suivante, Coulanges reçut une note de frais de Touzel. Il avait donc fait ce qu'il avait dit... sa fameuse *astuce*. Ce haut fonctionnaire extrêmement bien rémunéré trouvait le moyen de resquiller. Et il le faisait sans honte, certainement convaincu que ce n'était que justice d'améliorer encore ses fins de mois au vu des services rendus. Avec dégout, Coulanges signa la note de frais. Il aurait pu laisser le temps passer, et attendre de voir comment Touzel reviendrait vers lui. Il pouvait ne pas signer. Mais il signa. Il s'en voulut et se trouva faible. Il avait pourtant toujours condamné l'usage indécent de l'argent du contribuable. Il est donc si facile de signer pour le compte d'un anonyme. Si facile de le faire payer à sa place. Un coup de stylo avait suffi pour couvrir la combine minable de Touzel, représentant d'une noblesse confite dans la petitesse. Sa faiblesse venait de dire sa soumission à un membre du Corps, parce qu'il ne connaissait pas sa capacité de nuisance.

Alors, il repensa au déjeuner lors de la dernière réunion à Paris. Ce déjeuner auquel, contre toute attente, il avait été invité. Et, il comprit. Ce jour-là, ils avaient parlé devant lui, sans pudeur, et sans retenue, comme s'il n'était pas là.

Maintenant, il comprenait la réalité crue du message qu'ils lui avaient passé : « *En t'invitant parmi nous, tu vas comprendre qui nous sommes et ce que tu ne seras jamais. À nos yeux, tu n'existes pas. Ta place est simplement de nous servir avec loyauté. Ne l'oublie pas* ».

# Chapitre 5
# Les princes de la République

*« Intérêt général : intérêt qui coïncide avec celui de la technocratie. »*
Georges Elgozy
*L'Esprit des mots ou l'antidictionnaire*

Coulanges poussa un soupir : « Tant de choses seraient si différentes dans ce pays si ces hommes retrouvaient le cœur de leur véritable mission... ». Il repensait aux échanges avec Touzel, à sa note de frais minable, et à tout le reste depuis quelques mois. Il n'avait cessé de connaître déceptions, désillusions et sentiments de révolte.

Il croyait en la noblesse de servir, or ces hommes ne servaient qu'eux-mêmes. Sûrs d'eux, confits d'arrogance et de désinvolture, ils piétinaient des principes fondamentaux de la République. Ils avançaient avec cynisme, sans scrupules et sans états d'âme. Il y avait chez eux une gourmandise à se comporter ainsi, profitant de la confiance du citoyen. Devant lui, ils prononçaient le nom de leur diplôme, ou celui de leur grade au sein du Corps, comme une marque de luxe et la preuve objective de leur supériorité humaine. Ils agissaient tels des parvenus, dénués du moindre amour pour leur pays, dépossédant l'intérêt général de sa valeur. Il y avait aussi ce langage « techno », comme l'avait nommé Touzel, qu'ils avaient perfectionné entre eux pour garder à distance l'homme « ordinaire », l'empêcher de s'exprimer et lui nier la capacité de penser. Ils avaient créé les outils pour faire illusion, mieux impressionner, voire sidérer, et soumettre celui qui n'appartenait pas à leur coterie. C'était des outils de manipulation. Comment résister face à la manipulation de ces hommes qui occupaient de telles positions hiérarchiques ? Comment même exister, et décider de n'être pas seulement soumis, alors que leur situation était incontournable, disposant de ramifications invisibles ayant envahi toute la machinerie d'État ? Au fil des décennies, ils avaient construit un réseau très solide grâce auquel ils étaient devenus les maîtres. Quelle que soit la valeur humaine ou la compétence, la simple appartenance au Corps assurait d'occuper une position influente.

Auparavant serviteurs de l'État, ils avaient fini par faire de celui-ci leur obligé. Ils étaient dans la position du métayer qui s'était vu confier par un riche propriétaire son bien à gérer. Au fil des années, le propriétaire avait vieilli et ne pouvait plus faire le tour de son domaine. Le métayer attendait ce moment. Tout en gardant son air obséquieux, celui-ci lui présenta dès lors seulement une partie des comptes. Il devint le véritable rentier de la propriété, et laissa au propriétaire le soin de payer les charges.

Enfin de matinée, Coulanges reçut un nouvel appel téléphonique.

– Bonjour, c'est Vincent ?

– Bonjour, en effet, Vincent Coulanges. Vous êtes ?

– Paul Ursy ! Je suis très content de vous parler ce matin. Comme vous le savez certainement, je viens d'être nommé directeur général par décret présidentiel. C'est paru aujourd'hui au JO[9].

---

9. Journal officiel

– Je vous félicite pour cette nomination, monsieur Ursy, lui répondit Coulanges.

– Je vous en remercie vivement. Je suis vraiment très heureux à l'idée de notre collaboration. Je tiens à vous dire que j'ai beaucoup entendu parler de vous. Tout le monde me dit que vous avez fait un très bon travail pendant ce temps de transition. J'espère que ce ne fut pas trop difficile.

– Je n'ai fait que ce que je considérais comme juste et nécessaire.

– Sachez qu'Hubert ne tarit pas d'éloges sur vous. Et je me réjouis que nous puissions travailler ensemble, dit Ursy avec enthousiasme.

– Vous serez parmi nous prochainement, j'imagine. Votre bureau vous attend. Nous sommes impatients de vous voir arriver.

– Eh bien, euh … non, justement. Je vous comprends, mais il va nous falloir attendre encore un peu. Je compte prendre quelques semaines de vacances, et puis vous savez, je n'ai encore jamais mis les pieds dans un port. Alors, je me suis dit que j'allais visiter quelques ports pour ma culture. Je connais très bien leur directeur. Ils sont mes amis. J'en profiterai pour passer un peu de temps avec eux.

Coulanges marqua un temps d'arrêt. Dès leur premier contact, Ursy trouvait le moyen de lui signifier l'étendue de son réseau. Une façon de lui glisser qu'il avait désormais le pouvoir, parce qu'il était du Corps et de la même promotion que ses homologues. Là était l'information principale, peut-être même la seule, qu'Ursy voulait lui passer ce matin. Le reste n'était que conversation de salon. Il y avait toutefois un autre point qui contraria Coulanges. Il avait hâte désormais d'alléger sa tâche et de prendre quelques jours de vacances. Or, sans scrupules, Ursy venait de l'informer qu'il n'arriverait pas de sitôt. Coulanges avait croisé de nombreux dirigeants pendant ses années de carrière au sein de groupes industriels privés, mais jamais il n'en avait vu un se permettre une telle désinvolture lors de son arrivée dans un poste.

– Vous pensez prendre vos fonctions à quelle date ?

– Je dirais... euh, dans trois mois environ, répondit Ursy. En fait, je n'y ai pas encore vraiment réfléchi.

Puis, il ajouta :

– Je vous appellerai une semaine avant de venir. Continuez comme vous avez fait jusque-là et faites pour le mieux ! Je compte sur vous.

Coulanges raccrocha, sidéré.

Encore une fois, il trouvait chez un homme du Corps cette assurance et cette désinvolture si caractéristiques.

Il attendrait donc qu'Ursy prenne ses vacances avant de prendre les siennes. Et, d'ici là, il allait être le témoin privilégié d'une autre manière d'incarner l'élite, plus brutale, plus méprisante, plus arrogante, en croisant un représentant du corps d'État le plus prestigieux. En tant qu'énarque, ce dernier allait s'empresser de lui montrer qu'il ne s'embarrassait pas d'un quelconque respect pour qui n'était pas haut fonctionnaire.

Quelques jours après la conversation avec Ursy, Coulanges reçut sur son portable un appel de la préfecture.

– Bonjour, monsieur Vincent Coulanges ?

– Bonjour, c'est moi-même.

– Je suis l'assistante de monsieur le préfet. Je vous transfère sur sa ligne, il souhaite vous parler.

Coulanges patienta deux ou trois minutes, puis une voix grave creva brutalement le silence :

– Bonjour, vous êtes bien le directeur intérimaire ?

Sans attendre la réponse, il poursuivit :

– C'est vous qui négociez un contrat avec la société Verit ?

– Oui, tout à fait, répondit Coulanges.

– Son président me dit que vous ne souhaitez pas signer sa proposition. Vous allez me faire le plaisir de la signer, et au plus vite !

– Monsieur le préfet, ce n'est pas possible. Cette proposition est inac...

– Je vous ai dit de signer au plus vite ! C'est clair, non ? Le coupa le préfet avant de poursuivre : « En quelle langue faut-il vous le dire ? »

– Monsieur le préfet, je regrette, mais je ne signerai pas en l'état. Si je le faisais, je ne préserverais pas les intérêts de mon établissement. J'en ai fait état il y a deux jours à votre directeur de cabinet qui m'a semblé comprendre les raisons qui m'en empêchaient.

– Vous voulez aussi me faire la morale ? Avez-vous bien compris qui vous parlait aujourd'hui ? Mon directeur de cabinet est jeune. Il ne prend pas la pleine mesure des enjeux. Alors, je vous demande instamment de faire ce que je vous dis.

– Sauf votre respect, monsieur le préfet, je viens de vous dire que je ne le ferai pas.

– Alors vous, vous ne comprenez rien à rien ! hurla-t-il dans le combiné. Vous n'avez donc pas compris qu'il y a trois cents nouveaux emplois en jeu ?

Le président de Verit avait bien manœuvré. Il communiquait partout depuis quelques semaines que son projet allait créer trois cents emplois dans cette ville particulièrement touchée par le chômage. Mais pour cela, il avait besoin du fameux contrat, que seul Coulanges pouvait signer, et des aides d'État qui en découleraient. Les esprits des politiques de la ville et de la région s'échauffaient à cette promesse inespérée. Parmi eux, personne ne chercha bien évidemment à la vérifier, chacun étant plutôt occupé à calculer comment s'approprier cette réussite lors d'une prochaine apparition publique. Le préfet n'était pas en reste. Son directeur de cabinet avait laissé entendre à Coulanges que les préfets étaient incités par des primes à la création d'emplois dans leur département. Ces primes étaient, selon lui, d'autant plus importantes que le nombre d'emplois créés était conséquent. Une telle annonce serait donc sans nul doute une occasion de promotion pour le préfet.

Lors des quelques discussions tenues avec le président de Verit, Coulanges avait rapidement compris que le nombre d'emplois réellement créés ne dépasserait pas une dizaine. Le chef d'entreprise avait sciemment gonflé les enjeux du projet pour bénéficier des largesses de l'État et du soutien des politiques. Il fut alors accueilli par ceux-ci comme un *sauveur*, et un *grand capitaine d'industrie*. Il connaissait le monde politique, c'était certain, et ne devait pas en être à son coup d'essai. Jusqu'au refus de Coulanges, tout s'annonçait bien pour une mise en œuvre du projet avec un bénéfice maximum.

Coulanges répondit :

– Si je peux me permettre, monsieur le préfet, le nombre d'emplois créés par le projet est très surestimé. En conséquence, la proposition du président de Verit est très déséquilibrée en sa faveur.

– Décidément, vous, vous ne comprenez rien à rien ! lui cria le préfet, ulcéré.

Puis, il ajouta : « Demain à neuf heures dans mon bureau ! »

Il raccrocha dans la foulée, sans laisser à Coulanges la possibilité de répondre.

Le lendemain matin, quelques minutes avant neuf heures, Coulanges se présenta à la préfecture. On l'installa dans une pièce et le préfet en fut informé.

Peu après dix heures trente, une jeune femme vint lui dire qu'il était attendu dans le bureau de « *Monsieur le Préfet* » et l'y conduisit.

En entrant dans son bureau, Coulanges eut la désagréable surprise de constater que le président de Verit était aux côtés du préfet.

– Asseyez-vous ! lui intima brutalement et avec dédain ce dernier en lui désignant une petite chaise face à eux deux.

Coulanges s'installa et attendit.

Le préfet se tourna vers lui et dit :

– J'ai invité monsieur le président pour que le contrat puisse être signé dans mon bureau ce matin et qu'enfin soit trouvée une issue satisfaisante à cette situation inqualifiable.

– Pour ma part, monsieur le préfet, je suis prêt à signer immédiatement comme je vous l'ai précisé, s'empressa de dire le président de Verit sur un ton posé.

– Et vous, monsieur ? demanda le préfet en se tournant avec agressivité vers Coulanges.

– Monsieur le préfet, je n'ai pas changé de position, n'ayant aucun élément nouveau qui me permet de...

– Vous allez me faire le plaisir de signer ce document, sinon j'en réfère au ministère ! L'interrompit le préfet en lui tendant un exemplaire du contrat.

– Je vous y encourage, monsieur le préfet lui répondit Coulanges.

– Ça suffit ! Quelle insolence ! C'est incroyable, je n'ai jamais vu cela ! J'ai l'impression de parler à un élève de cours élémentaire ! cria le préfet en le fixant dans les yeux.

Puis, il continua avec virulence :

– Vous êtes qui, vous ? Même pas le vrai directeur. On attend un vrai directeur qui vient du Corps ! Il saura comprendre, lui.

– Monsieur le préfet, le vrai directeur a été nommé il y a quelques jours.

– Parfait ! Il est du Corps ?

– C'est une des premières choses qu'il m'a annoncées.

– Alors nous verrons ce sujet avec lui, dit le préfet en se tournant, avec un large sourire, vers le président de Verit.

Coulanges poursuivit :

– Cependant, il prendra vraiment ses fonctions seulement dans environ trois mois, car il souhaite prendre quelques vacances et visiter d'autres ports. Vous pouvez bien sûr attendre son arrivée.

Le sourire du préfet se figea. Puis, ne voulant rien montrer, il reprit fermement :

– Bon, eh bien, nous l'attendrons.

Ces hommes ont raison, toujours raison. Quel que soit le sujet ou la situation, ils ont raison. La vérité n'est pas pour eux une réalité objective, mais ce qu'ils pensent et ce qu'ils veulent. Elle est une matière qui se fabrique. Ils ont le pouvoir et la position pour se permettre de penser ainsi. Avec de telles certitudes, il est presque naturel finalement de se croire supérieur à autrui. Ces hommes étant eux-mêmes les tenants du pouvoir, ils ont eu tout le loisir de mettre en place ce qui permet de passer outre les oppositions et les contradictions. Le préfet savait par expérience qu'in fine il obtiendrait gain de cause.

La perspective d'un nouvel interlocuteur, *semblable* par son statut de haut fonctionnaire et son appartenance à un grand corps d'État, le rassura immédiatement. Coulanges n'était qu'une regrettable aberration sur son chemin.

Le préfet attendit donc en effet l'arrivée d'Ursy. Comme annoncé, celui-ci signa très vite après sa prise de fonctions, comprenant l'intérêt personnel qu'il allait tirer à ne pas s'y opposer. Le préfet loua publiquement son « *sens des responsabilités* », et les politiques applaudirent à sa « *vision industrielle et pragmatique* ».

Quelques mois plus tard, le préfet obtint la promotion et la nomination désirées. Il les fêta au champagne dans la grande salle de réception de la préfecture. Ce jour-là, sur l'estrade et s'adressant aux notables du département, il « *se félicita d'avoir œuvré avec détermination à la mise en œuvre d'un projet si créateur d'emplois pour le territoire* ». Sans retenue, il se présentait comme le sauveur de la région. Comme un seul homme, l'assemblée applaudit vigoureusement et avec enthousiasme.

Une fois de plus, Coulanges constata la propension qu'avaient ces hommes à « *se féliciter* ». Il y avait une curieuse indécence dans cette expression. Elle apportait un éclairage supplémentaire sur la psychologie de leurs auteurs. Si prompts à l'utiliser, ils révélaient qu'ils n'en mesuraient manifestement pas l'énormité. Par cette capacité à s'identifier publiquement comme l'origine, ou la cause, de tout ce qui advenait positivement, quel que soit d'ailleurs leur degré d'implication, ils se présentaient comme les nouveaux démiurges de notre époque, s'autocongratulant de leurs créations. Se suffisant à eux-mêmes, ils n'avaient pas besoin d'attendre l'avis de quiconque puisqu'ils savaient.

Pas une once d'humilité ne les retenait donc à *se féliciter* en public.

Coulanges regardait le préfet s'exprimer avec emphase sur ses réalisations. Il observait cet homme qui montrait une aisance remarquable à s'exprimer devant une assemblée tout entière acquise à sa personne. Un homme charpenté par la suffisance. Comment l'arrogance pouvait-elle à ce point remplir cet homme pour qu'il se présente comme le sauveur malgré la réalité des faits ? L'indécence de son pouvoir le lui permettait.

Mais qui dans la salle se souciait de la réalité ? Il y avait ceux qui ne pouvaient imaginer qu'elle puisse à ce point être violentée, et puis ceux qui ne s'en souciaient pas, puisque celui qu'ils applaudissaient disposait du pouvoir de faire ou de défaire une carrière.

Présent dans l'assemblée, Coulanges laissait courir ce soir-là ses pensées quand une voix lui dit à l'oreille, presque en chuchotant :

– Il est visiblement très content de lui.

Coulanges se retourna. Derrière lui, un cadre de Verit le regardait en souriant.

– Il a obtenu ce qu'il voulait, sa promotion, dit Coulanges de façon neutre.

– J'ai un peu d'expérience maintenant. Ils sont tous les mêmes. Je ne sais pas si je dois dire heureusement ou malheureusement.

– Oui, tout dépend du point de vue que l'on prend. Pour ma part, je dirais « malheureusement ». C'est le point de vue du simple citoyen et contribuable.

– Je vous comprends. Je paie aussi des impôts, mais il se trouve que je fais des affaires. Et je dois dire qu'avec ce genre d'homme, quand on sait s'y prendre, c'est un vrai plaisir... dit-il avec des yeux amusés. Sous leur apparence d'autorité, ils deviennent beaucoup plus aimables quand leur carrière peut s'accélérer.

– J'ai vu ça en effet. Très efficace, fit Coulanges avec une moue désabusée.

– Vous avez bien failli mettre à mal tout notre plan. Vous êtes le seul à avoir compris la vérité. Et je peux vous dire que c'est rare.... J'étais inquiet.

– Je le sais malheureusement. Ils n'ont pas vu, ou ils ont préféré ne pas voir, trop heureux de l'aubaine que vous leur apportiez. L'assemblée de ce soir ne fait que le confirmer, répondit Coulanges.

– Quand nous avons vu votre détermination, nous avons su qu'il nous fallait l'aide du préfet. Il n'y avait que lui pour faire pression sur vous. Et il ne s'est pas privé de le faire ! Sans rancune, j'espère. En tout cas, vous avez mon respect d'avoir résisté avec autant d'aplomb. En off, le préfet était furieux contre vous. Il vous insultait. Je pense qu'il n'a jamais croisé quelqu'un qui avait osé lui dire non.

Du coin de l'œil, Coulanges continuait à suivre ce qui se passait sur l'estrade. Le directeur de cabinet du préfet venait d'y monter et faisait l'éloge de son patron. Ce dernier l'écoutait avec attention et bombait le torse. Le discours était cultivé, peut-être même trop, émaillé de références littéraires et mythologiques déplacées en de telles circonstances. Après quelques minutes, plusieurs dans l'assemblée marquèrent des signes de lassitude.

Une fois le discours terminé, le préfet reprit la parole de façon énergique.

– Merci Thibaut !

Puis, en se tournant vers la salle, et comme pour répondre à l'incompréhension de certains, il ajouta :

– Thibaut, que vous connaissez tous maintenant, est sorti aussi de l'ENA... mais en y entrant par la voie externe, contrairement à moi !

Le sous-entendu était stupéfiant. Ces hommes poussaient si loin leur conception de l'élite qu'à l'intérieur même de leur caste, ils avaient créé entre eux une hiérarchie surréaliste. Le jeune directeur de cabinet venait d'en faire l'humiliante expérience.

Coulanges se retourna vers le cadre de Verit, ne souhaitant plus entendre ce qui se disait sur l'estrade.

– Maintenant, vous pouvez me le dire. Vous allez créer combien d'emplois ?

– Onze. Vous aviez raison.

– C'est une belle affaire pour vous avec toutes les aides que vous allez recevoir. Coulanges marqua une pause, puis reprit :

– Comment peuvent-ils tous être aussi naïfs ? fit-il, dépité.

– Non, je ne crois pas que ce soit de la naïveté. Je dirais plutôt : a minima incompétents, ou pire... Mais je dois aussi reconnaître que ça nous est bien utile. Finalement, chacun y trouve son compte.

– Dans tous les cas, c'est grave. Et c'est toujours l'État qui paie la...

– Regardez-les, dit le cadre de Verit, en lui coupant la parole et en montrant du regard ce qui se passait sur l'estrade.

La scène était saisissante. À l'invitation du préfet, Ursy et quelques hauts fonctionnaires étaient montés sur l'estrade, visiblement fiers d'être ainsi distingués. À tour de rôle, le préfet les félicita, les remercia avec insistance, et les serra contre lui en une chaleureuse accolade. Ces hommes s'affichaient comme les véritables acteurs du pays. Et pourtant, personne n'avait jamais voté pour eux. Personne même ne les connaissait. Sans mesurer le grotesque de la situation, ces technocrates se pavanaient comme des seigneurs d'État, ou des princes de la République.

# Chapitre 6
# Le prestidigitateur

*« Ces hommes importants, si nécessairement associés à la bonne marche des affaires, sont nuls et muets devant l'imprévu. Un État qui n'a pas quelques improvisateurs en réserve est un État sans nerfs. Tout ce qui marche vite le menace. Ce qui tombe des nues l'anéantit. »*

Paul Valéry, *Variété II*

Trois mois après leur première conversation, Ursy appela Coulanges pour signaler son arrivée le lundi suivant. Il lui parla de sa joie à la perspective de découvrir son nouvel univers professionnel, ainsi que des semaines agréables passées à visiter quelques ports. Cette période de fin de printemps s'y prêtait tout particulièrement, car la mer était très belle, lui avait-il dit, ainsi que les régions qu'il avait pu visiter.

La légèreté de ces paroles donna à Coulanges l'idée de se renseigner sur cet homme, désormais directeur général. Il chercha sur Internet ce qu'il pouvait trouver à son sujet. Il eut beau faire défiler les pages, il ne trouva quasiment rien. Seul un article, tiré d'un petit journal local, faisait mention d'Ursy, perdu dans la longue liste des temps d'une épreuve de course à pied. Il y figurait dans le dernier tiers.

Il n'y avait rien d'autre.

Comment cet homme, au milieu de la quarantaine, avait-il pu mener jusque-là une carrière aussi insipide et être brutalement nommé à un poste si prestigieux, sans rien connaître de l'activité qu'il allait devoir gérer ? Il y avait là un mystère pour qui ne connaissait pas le système de l'intérieur. Coulanges se rappela alors ce que lui avait dit en riant un des directeurs de port lorsque la nomination d'Ursy était devenue officielle : « *C'est le dernier copain qu'il nous fallait caser, j'espère que tu ne nous en voudras pas trop* ».

Le lundi matin, comme convenu, Ursy entra dans le bâtiment de la direction et se présenta à l'hôtesse d'accueil. Elle lui souhaita la bienvenue et le guida jusqu'à son bureau. Il y pénétra avec une satisfaction qu'il ne put masquer. La vue à cent quatre-vingts degrés sur la mer l'émerveilla. Il se posta derrière la baie vitrée. Les yeux fermés, il se laissa remplir de cette lumière chaude et douce qui inondait l'espace en ce début de journée.

Une onde de plaisir le parcourut de la tête aux pieds. Être là, dans ce bureau si convoité, et pouvoir se dire « *Enfin, c'est pour moi, c'est mon tour !* ». Il y avait quelque chose de jouissif à ne plus avoir de comptes à rendre à qui que ce soit. Depuis des années, il attendait le moment où il serait le maître, ne rapportant à personne, et libre du pouvoir que son diplôme lui promettait. Il s'était entraîné pendant des années à apparaître le plus lisse possible, ne laissant aucune prise à l'émotion au point de ne plus en avoir, pour donner l'image d'un homme maître de lui-même.

Intérieurement, il exultait. Il profita encore quelques minutes des magnifiques nuances de bleus que lui offrait la mer, puis se tourna vers l'intérieur de la pièce. Elle était vaste : au centre, une grande table de réunion, sur les murs des étagères vides, sur le côté, un large bureau et face à la mer, sur la gauche, deux larges fauteuils club. Cette pièce frappait inévitablement celui qui y entrait. Mais quelques aménagements s'imposaient pour personnaliser ce bureau, pas complètement à son goût. Il ferait comme dans les ministères.

Il sourit et alla s'asseoir derrière son bureau. Il pouvait être fier désormais. « *Nommé par décret présidentiel... oui, je suis nommé par décret présidentiel ! Enfin, la lumière. Mon heure est venue !* ».

Ursy pensait comme un héritier de ces riches familles, attendant avec impatience le jour où il prendrait possession d'une part de l'héritage qu'il estimait lui revenir de droit. À aucun moment, ne lui serait venue à l'esprit la question de sa légitimité à ce poste. La seule considération qu'il appartenait au Corps non seulement le rendait légitime, mais, surtout, *propriétaire* du poste.

On frappa à la porte. Il sortit de ses pensées.

Coulanges passa la tête et salua Ursy.

– Vincent ! Entrez ! dit-il avec enthousiasme.

– Je venais vous saluer et vous souhaiter la bienvenue.

– Merci ! J'ai hâte que vous me fassiez part des dossiers en cours.

– Je suis à votre disposition, monsieur.

– Appelez-moi Paul, voyons ! Et tutoyons-nous, ce sera plus simple et agréable, lui répondit Ursy avec un très large sourire qui se voulait amical.

Coulanges perçut en lui-même une légère résistance. Elle était trop ténue pour être comprise. Il y avait quelque chose dans l'attitude d'Ursy qui le mettait mal à l'aise, sans qu'il puisse cependant dire quoi. Peut-être cet enthousiasme... Il chassa l'idée de son esprit et s'attribua la cause de cette résistance en la mettant sur le compte d'une contrariété personnelle.

En une quinzaine de jours, Coulanges fit avec Ursy le tour d'horizon des affaires en cours, et lui passa le relais. L'homme lui parut avenant, facile d'accès, se rendant disponible, quel que soit le sujet. Il y avait une courtoisie dans sa façon d'être qui plaisait à chaque nouvel interlocuteur, au point de devenir son ambassadeur enthousiaste parmi ceux qui ne l'avaient pas encore rencontré. Aussi, peu après l'arrivée d'Ursy, une onde de sympathie se diffusa dans tous les milieux avec lesquels il serait amené à travailler. L'image d'un homme plaisant et simple avait rapidement conquis les esprits, et cela d'autant plus facilement qu'elle tranchait avec celle que chacun pouvait avoir d'un membre du Corps, faite de morgue et de mépris. Elle circula si vite qu'elle le devança. Lorsqu'il rencontrait une personne pour la première fois, il semblait que celle-ci, rassurée par cette image, n'en était que plus désireuse d'apporter son concours aux souhaits d'Ursy.

Admiratif, Coulanges se mit à observer Ursy avec attention. L'emballement de sympathie dont celui-ci profitait était troublant. Alors qu'un groupe peut se liguer de façon irrationnelle contre quelqu'un, telle une meute qui aboie et n'attend que de mordre, il se passa l'exact contraire avec lui. Il fut emporté par la rumeur positive. À chaque fois qu'Ursy abordait quelqu'un, il le gratifiait du même enthousiasme que celui avec lequel il avait accueilli Coulanges dans son bureau. Ursy offrait à autrui le sentiment d'être important à ses yeux et d'être attendu. Et l'effet se répétait à chaque fois. On se trouvait flatté par cette apparente marque d'empathie. Avec naïveté, certains la prenaient même pour de l'amitié, ce qui terminait de les séduire.

Au-delà de ce qui relevait habituellement des conventions relatives à sa fonction, Ursy commença à recevoir de nombreuses invitations pour des soirées tant professionnelles que privées. En un temps record dans ce microcosme provincial, il était devenu l'homme qu'il fallait connaître et dont on se targuait d'être l'ami. Presque tous ne l'appelaient désormais plus que par son prénom, tant il était devenu une marque d'honorabilité de faire ainsi.

Même s'il feignait l'indifférence, tout cela était de nature à plaire profondément à Ursy. Semaine après semaine, il perfectionnait son contact avec ses interlocuteurs, l'agrémentant d'une tape sur l'épaule, d'un clin d'œil, ou d'une remarque personnelle.

Peu à peu, il devenait l'homme à qui personne ne pouvait rien refuser.

De grande taille, il cultivait une prestance impeccable, habillé jour après jour d'une chemise au blanc immaculé, d'une cravate Hermès, d'un costume italien et de chaussures Berlutti. Il savait ajouter une discrète touche de fantaisie, serrant ses chaussures avec des lacets aux couleurs vives, pour parfaire son image. De la sorte, il séduisait assurément. Enfin, il complétait ce minutieux dosage en mêlant dans sa gestuelle publique un flegme et une courtoisie appuyée. Coulanges comprit rapidement qu'elle n'était pas l'héritage d'une éducation aux manières aristocratiques, mais seulement le résultat d'une farouche volonté de séduire. D'ailleurs, Ursy ne s'embarrassait plus de ces manières lorsqu'il était en présence de personnes qu'il considérait acquises à sa personne.

La confirmation vint de façon inattendue, alors qu'un soir Ursy entra dans le bureau de Coulanges. Celui-ci portait un simple jean. À la vue de cette tenue, Ursy s'arrêta net, le regard figé, et lui dit :

– Mais, Vincent, tu portes un jean ? Avec un ton marquant le dégout.

– Oui, cela m'arrive quand je n'ai pas de réunion à l'extérieur, répondit Coulanges, surpris par l'importance qu'Ursy semblait accorder à ce détail.

– Tu fais une erreur, lui dit-il lentement et en pesant chacun des mots.

Coulanges ne sut que répondre, pensant à un trait d'humour de son supérieur. Mais Ursy poursuivit, sûr de lui :

– Oui, une grossière erreur. Tout est dans le costard, c'est 80% !

– 80% de quoi ?

– De la carrière, évidemment ! Alors, écoute ce conseil : ne porte plus de jean si tu veux faire carrière, dit Ursy avec le ton de celui qui connaît la vie.

Coulanges en eut le souffle coupé. Incapable de répondre, il regarda Ursy lui sourire, visiblement fier de lui, et quitter son bureau.

*« Tout est dans le costard ! »*.

Cette phrase, et le ton qui l'accompagnait, s'imprima si profondément dans son esprit qu'elle ne s'effacerait pas. Elle éclairerait chaque action et parole d'Ursy. Plus largement, il comprendrait qu'elle portait en elle tout ce dont il serait par la suite témoin. Pourtant anodine, elle contenait une violence inouïe, prenant la forme tantôt de la désinvolture, du cynisme, de l'illusion, du mépris, etc. Une violence invisible, mais d'autant plus destructrice.

Cette phrase condensait la mentalité des hommes du Corps.

Conforté par les manifestations de sympathie qu'il recevait depuis son arrivée, Ursy prit deux décisions censées marquer autant les esprits que l'avenir du port.

Même si le mobilier était récent, il commença par commander la rénovation entière de son bureau. Peintures, sol et mobilier n'étaient pas à son goût. Trop classiques, trop impersonnels et sans caractère. Il voulait un style qui affirme sa supériorité et sa modernité. Il devait impressionner. Tous ceux qui entreraient dans cette pièce devraient en repartir avec l'envie d'en parler. Il arrêta son choix sur un style sobre, minimaliste, sans détail. Murs blancs, sol clair et mobilier acier à la ligne épurée. Sur les étagères blanches, quelques objets sans personnalité, et sa table de bureau devrait rester nue, toujours nue. Il en faisait le signe d'une intelligence à la fois humble et supérieure.

Lorsqu'il découvrit l'aménagement, une fois les travaux terminés, Coulanges eut la désagréable sensation d'entrer dans une salle de clinique, voire de médecine légale. Tout y était lisse, impersonnel, froid, sans la moindre trace de désordre. Chaque chose semblait être à la place précise qui lui était assignée, aucun papier, aucun dossier. Il vit le vide. Mais, pire que le vide, il vit une humanité mécanique, gagnée par le calcul, une forme de cruauté civilisée, nourrie par une absence complète d'empathie. En une fraction de seconde, il comprit que son nouveau patron n'était pas celui qu'il laissait paraître.

Il croisa le regard d'Ursy, et y trouva une fierté jubilatoire.

La seconde décision fut une manière toute personnelle de prendre possession des lieux. Après avoir observé comment certains de ses collègues pratiquaient, il en conclut qu'un dirigeant s'imposait par les symboles. Il réfléchit quelques jours et lui vint une idée qui lui parut lumineuse. Originaire d'une région campagnarde de l'est de la France, il vibrait les soirées de championnat pour l'équipe qu'il aimait depuis l'adolescence. Sa récente nomination l'en avait privé, et ayant renoncé à toute vie amoureuse afin de se consacrer à sa carrière, il se sentait parfois un peu seul. Il prit alors une décision radicale et donna au logo du port les couleurs qu'il chérissait. C'était sa façon de s'imposer.

Lorsque les nouvelles lettres à en-tête furent diffusées dans les services, pensant que l'imprimeur avait commis une erreur, Coulanges vint voir Ursy pour plaisanter de ce changement qu'il trouvait peu gracieux. Ce dernier ne put garder le secret et lui expliqua, les yeux brillants, le lien fort qu'il avait avec son équipe de football.

Ce fut la seule fois où Coulanges trouva une émotion dans son regard. Il essaya en vain de lui expliquer que les couleurs précédentes avaient un sens historique, contrairement aux nouvelles. Mais Ursy maintint sa position.

Ce sujet passa inaperçu aux yeux de la majorité des salariés. La plupart ne remarquèrent pas le changement opéré. Il pouvait d'ailleurs paraître bien secondaire. Cependant, Coulanges y accorda une attention toute particulière. Il était sensible à ce qu'il appelait les *signaux faibles*, c'est-à-dire les gestes et les paroles qui montraient autre chose du comportement affiché d'une personne. Cette action trahissait ce que la maîtrise d'acier d'Ursy n'avait pas réussi à contrôler. Cet homme se cachait derrière un masque. Il n'avait rien de vrai.

Il perçut encore une autre dimension d'Ursy. Cette façon d'accaparer un symbole important et de le transformer à des fins personnelles, sans même chercher à connaître son histoire, était inquiétante. Elle traduisait une évidente immaturité.

Or, quand l'immaturité est revêtue du manteau de l'autorité, elle se plaît grandement à disposer du pouvoir, mais en oublie les obligations et ses limites. Ursy confondait la fonction et la personne, le bien confié et la propriété personnelle.

Jour après jour, Ursy s'installait plus confortablement dans son poste et dans son environnement. Il prit goût aux invitations à déjeuner qui se suivaient à un rythme tel qu'il put rapidement avoir un avis sur la majorité des restaurants de la ville et de ses alentours. Les clients et prestataires commencèrent à connaître ses préférences, toutes parmi les adresses les mieux notées et, pour lui plaire, ne l'invitèrent plus que dans celles-ci. Les restaurateurs repérèrent très vite et apprécièrent ce nouveau client. Les plus astucieux d'entre eux comprirent qu'ils tireraient profit à personnaliser son accueil. Certains allèrent jusqu'à lui ouvrir une salle VIP, aménagée dans un style feutré au mobilier anglais, et décorée de photos de football. Ursy fut très sensible à toutes ces attentions personnelles. Il prit plaisir aux plats hors carte et sans prix. Progressivement, il changea de corpulence.

Il mit aussi un soin particulier à choisir son véhicule de fonction. Le symbole renvoyé devait être fort. Il décida de s'attribuer le plus beau SUV 4x4 toutes options du marché, identique à celui du président de la République. Il s'amuserait ensuite à suivre les polémiques dans la presse stigmatisant le train de vie des ministres. Et il rirait quand il verrait l'un d'eux se justifier de disposer d'une voiture de fonction moyenne gamme.

Intérieurement, Ursy se concentrait donc sur le *costard*. Chacune de ses actions avait un seul objectif : embellir le *costard*.

Il est certainement difficile pour un citoyen ordinaire d'imaginer ce que recouvrait l'idée de carrière pour un homme comme Ursy. Elle était une obsession, une construction de chaque instant qui mobilisait toute son énergie, afin d'être, un jour, celui que l'on envie. Tout devait alors se rendre utile à ce désir tant il tendait entièrement son être vers cet objectif final. Il avait fait le choix de se lancer dans une course, longue de plusieurs décennies, pour obtenir, pensait-il, l'admiration des autres et, espérait-il, les remerciements de la nation. En vue de cette glorieuse perspective, il avait sacrifié des pans entiers de sa vie, tout offerte à la carrière. Il fallait une conscience difforme de sa valeur personnelle, et tout autant de son propre vide intérieur, pour en faire l'alpha et l'oméga d'une vie, et espérer trouver, après une telle course, un Éden réservé aux meilleurs. Le Corps était un atout considérable pour ce genre d'homme à qui étaient *réservés* une série de postes de la République propres à garantir des *carrières de luxe*.

Afin de maîtriser son image, mais aussi, et surtout, de l'améliorer activement, Ursy pouvait tout s'autoriser, y compris, bien sûr, de ne pas s'encombrer de valeurs. Il considérait qu'elles n'étaient que des contraintes à la liberté, imposant des limites incompatibles avec ce qu'une carrière pouvait exiger. Il estimait qu'elles n'étaient rien d'autre que l'héritage d'une culture catholique dont il avait horreur. Il méprisait donc ceux qui s'y accrochaient. « Elles sont comme les chemises ; il faut savoir changer de couleur pour éviter les fautes de goût », aurait-il pu dire. Il aimait se considérer comme pragmatique, même si opportuniste le décrivait mieux. Il faisait du pragmatisme une compétence à la source de toutes les autres pour la carrière.

L'une des premières facilités que Coulanges remarqua chez son supérieur fut sa troublante capacité à faire illusion.

Peu après son arrivée, des clients demandèrent à Ursy l'organisation d'une réunion pour traiter de la mise en place d'une réforme importante. Celle-ci avait fait l'objet de nombreux débats difficiles et conflictuels que Coulanges avait dû mener les mois précédents. N'ayant pas encore eu le temps de s'y intéresser, Ursy lui demanda de l'accompagner.

À peine la réunion commença-t-elle que le cœur du sujet fut abordé. Alors que Coulanges s'apprêtait à répondre à l'interrogation d'un des participants, discrètement, son supérieur lui fit signe qu'il allait prendre la parole. Ursy se lança alors dans un long développement. Il parlait avec une aisance étonnante pour quelqu'un qui ne connaissait absolument rien au sujet. Coulanges l'écouta avec attention. Ce qu'il entendait révélait une grande agilité, Ursy se permettant quelques traits d'humour séducteurs. Autour de la table, visiblement conquis, les interlocuteurs avaient sur leur visage une expression détendue et de grande écoute.

Il écouta plus attentivement, et commença à y voir plus clair. Ursy virevoltait autour du sujet à l'aide de généralités qui, assemblées les unes aux autres, donnaient curieusement l'illusion d'une réelle connaissance de la problématique. Il parvenait à anesthésier toute méfiance par l'humour et la séduction[10]. Il le faisait avec une adresse étonnante, qu'un ton particulièrement assuré et enjoué venait renforcer. Plutôt qu'un discours construit, Ursy accomplissait en réalité un tour de prestidigitation. Avec assurance, ses phrases semblaient imposer du sens. Mais, en prenant le temps de s'arrêter sur chacune de celles-ci, et en se tenant hors de portée de la séduction dont il usait, on n'y trouvait que vide, et contorsion. Il donnait à l'illusion l'apparence de l'intelligence supérieure. L'interlocuteur non averti s'en trouvait ébloui, certain de côtoyer un homme à l'intelligence infuse. Mais il n'avait devant lui qu'un illusionniste doté d'une intelligence factice. Ce genre d'homme réussissait à entretenir la confusion entre la ruse et l'intelligence. Il n'y a pas d'intelligence à tromper autrui, seulement de la ruse.

Ursy n'était qu'un banal joueur de bonneteau. D'un genre tout particulier, il est vrai.

« *Peut-être le meilleur d'entre nous* », avait dit Touzel...

La réunion se termina dans une ambiance détendue. On se salua et les clients repartirent. Ursy se tourna vers Coulanges et lui dit avec satisfaction :

– Finalement, ce n'était pas bien compliqué. On s'en est bien tirés.

---

10. On trouve une illustration de ce procédé dans la déclaration d'un futur candidat à la présidence de la République, et haut fonctionnaire, qui évoquait son métier de banquier d'affaires : « *On est comme une sorte de prostituée. Le job, c'est de séduire* » (E. Macron, *Wall Street Journal*, 8 mars 2015).

Coulanges préféra ne pas commenter. Il avait été témoin d'un procédé plus raffiné que la célèbre « langue de bois » chère aux politiques. Ursy avait jonglé avec l'attention de chacun, avait donné l'impression qu'il maîtrisait le sujet, mais, au final, n'avait rien résolu. Il n'avait fait que repousser le sujet, confiant dans son talent pour réussir de nouveau lorsque la question se reposerait. Ursy, haut fonctionnaire et membre de l'élite, avait préféré le déni de responsabilité à la clarté.

Un peu plus tard dans la journée, Ursy revint sur la réunion et dit à Coulanges en appuyant délibérément sur chaque mot :

– Vincent, il n'y a pas de problème que le temps ne sache résoudre.

Puis, il continua :

– Retiens bien cela. Nous n'avons pas à les résoudre. Gérer la montre. C'est ça notre job, et c'est bien suffisant !

Le talent d'illusionniste d'Ursy se précisait. Il concevait son métier comme un immobilisme minutieusement pensé. Il en avait fait un mode d'être professionnel. Mais il est vrai qu'en la matière l'exemple venait d'en haut. On rapporte qu'un récent président de la République, ancien haut fonctionnaire à la Cour des comptes, disait à l'un de ses collaborateurs : « *Ça tiendra bien le temps de mon mandat* »[11], évoquant une situation explosive qu'il ne souhaitait pas gérer, préférant la laisser à son successeur.

Coulanges ne prit pas la peine de répondre à Ursy qui, de toute façon, n'aurait pas été réceptif à ce qu'il avait envie de lui dire. Le « job » de l'élite n'était-il pas d'agir en bon père de famille pour le pays, en enrichissant l'héritage national ou, a minima, en assurant sa conservation en temps difficiles ?

---

11. François Hollande dans « *Ça tiendra bien jusqu'en 2017* », *Enquête sur la façon dont nous ne sommes pas gouvernés*, S. Coignard et R. Gubert.

À partir de ce jour, Coulanges sut qu'en analysant le comportement d'Ursy, il comprendrait par extension les raisons profondes de la crise qui rongeait son pays. Cet homme serait son terrain d'étude. Il lui permettrait d'expliquer pourquoi, année après année, le pays dilapidait, malgré lui et toutes les bonnes volontés, le rayonnement lumineux que lui avait légué son histoire.

# Chapitre 7
# Un immobilisme méthodique

*« Ce qui vient au monde pour ne rien troubler, ne mérite ni égards ni patience. »*

René Char
*Fureur et mystère, à la santé du serpent*, VII (1948)

Ce matin-là, Coulanges eut besoin de consulter son supérieur sur un sujet d'ordre stratégique. Ayant des documents à lui présenter, il préférait avoir un entretien avec lui plutôt que de le faire par téléphone.

Il se rendit à son bureau et frappa à sa porte. Il entendit Ursy répondre comme à son habitude avec enthousiasme.

– Entrez !

– Bonjour Paul.

– Ah, c'est toi, Vincent ! Viens.... Tu permets ? Je suis à toi dans quelques minutes. Je termine mon travail du matin, dit-il avec entrain et satisfaction.

Coulanges s'installa dans un fauteuil face à lui et attendit. Derrière l'écran de son ordinateur, Ursy semblait faire défiler des pages Internet, et prenait de temps en temps des notes.

Un moment passa quand Ursy dit :

– Je suis sur le site du JO. Tous les matins, je passe en revue les nominations, une par une. C'est un gros travail, mais c'est important.

Au ton satisfait de son supérieur, Coulanges se douta qu'une nouvelle surprise l'attendait. Il poursuivit avec ingénuité :

– De quelles nominations s'agit-il ?

– Ce sont les nominations de hauts fonctionnaires. Elles sont publiées dans le JO.

Coulanges nota qu'Ursy avait écrit plusieurs noms sur une feuille vierge et, à côté de chacun, il avait ajouté un acronyme.

– Je ne comprends pas. Pourquoi fais-tu cela ?

– C'est simple. Une nomination au JO, c'est toujours un moment important dans une vie. À ceux que je connais, ou que je serai peut-être un jour amené à croiser dans ma carrière, j'envoie un petit mot personnalisé et manuscrit. En consultant dès la parution, je suis assuré d'être dans les premiers à le faire. On est toujours content de recevoir un mot de félicitations. Ça crée un lien d'amitié entre nous et, un jour, qui sait, ça peut servir et faire la différence.

Coulanges resta sans rien dire.

Ursy continua en pointant un nom sur l'écran, avec un ton qui se voulait pédagogue :

– Lui, par exemple. Il vient d'être nommé aux Douanes. Il connaît bien Buisson, je le sais. C'est important de faire plaisir à ceux qui connaissent le ministre. Si un jour je me trouvais en difficulté, il pourrait lui glisser un mot sympathique sur moi. On ne sait jamais de quoi l'avenir est fait. Le maître mot : la prudence ! Il n'y a rien de plus important que la prudence. Retiens bien ça.

– Tu connais les liens entre les uns et les autres ?

– Bien sûr ! C'est la base du job ! Comment veux-tu être efficace dans une relation avec quelqu'un si tu ne connais pas tous ses liens ?

Il marqua une pause et continua :

– C'est important aussi de connaître ses hobbies, et quelques détails personnels. Montrer qu'on s'intéresse à quelqu'un le touche toujours. Et crois-moi, ça met toujours de l'huile dans les sujets.

– C'est impressionnant... Tu dois y passer beaucoup de temps ?

– J'y passe bien une heure et demie tous les matins. Dans mon carnet, je note tout. Une carrière, c'est scientifique. Il faut de la méthode, c'est le secret.

Ursy continua à analyser le JO quelques minutes puis se tourna vers son collaborateur.

– Maintenant, je suis à toi, lui dit-il.

Coulanges aborda alors le sujet pour lequel il avait souhaité s'entretenir avec Ursy. Ce dernier l'écouta et répondit en prenant un air inspiré :

– Je ne poserais pas la question de cette manière. Elle est mal posée.

Il réfléchit quelques secondes, puis la reformula avec gourmandise, comme un enfant déguste une pâtisserie. Il usa d'un jargon qui lui permit d'y glisser habilement une problématique qui n'avait pas de solution.

Coulanges était venu le voir pour un avis. Il repartirait avec une question obscure et dont il ne pourrait rien faire. Ursy venait d'enterrer le sujet en le coulant dans le béton de l'immobilisme. Il se replongea avec un sourire sur l'écran de son ordinateur, signifiant à son collaborateur que sa priorité du moment était ailleurs.

Coulanges avait perçu sur son visage une expression de supériorité ou, plutôt, le contentement de la supériorité. Il repartit dans son bureau avec une question dont il ne savait que faire. Il venait d'inaugurer ce qui, par la suite, serait une longue série de sollicitations, toutes noyées à chaque fois par d'habiles questions en retour.

Au fil des mois, Coulanges constata que son supérieur dressait autour de lui une vitre invisible chaque fois qu'on tentait de le confronter à une décision. Cette vitre réduisait l'autre au rôle de la mouche qui, inlassablement, se cognait contre, sans jamais trouver l'issue. L'immobilisme était pour Ursy un principe. Plus exactement, il en avait fait une méthode, la plus sûre, pensait-il, pour avancer dans la carrière. L'assurance avec laquelle il se glissait dans l'immobilisme donnait l'illusion d'une compréhension supérieure, ou d'une sagesse que l'expérience aurait patiemment mûrie. Il appelait cela la prudence. Il l'opposait avec une certaine morgue à tous ceux qui le pressaient d'agir, portant sur ces derniers un regard qui disait leur ignorance. Cette version très personnelle de la prudence était une des facettes du *costard*. Ursy mimait la prudence pour masquer la frilosité, certain que ses collaborateurs n'y verraient que du feu. Il avait en effet un mépris naturel pour ceux qui n'étaient pas du Corps. Il ne les jugeait pas capables de porter sur lui un regard à la hauteur de sa personne. Le diplôme l'avait porté à une hauteur telle qu'il se pensait inaccessible à la critique. Aussi cultivait-il, grâce à la maîtrise qu'il s'imposait de lui-même, le flegme de l'homme à la haute stature.

Malgré tout, l'immobilisme déterminé d'Ursy restait difficile à comprendre. En effet, celui-ci consacrait beaucoup plus d'énergie à ne pas décider qu'à agir. Les pirouettes qu'il élaborait en toutes occasions, dès que s'approchait l'éventualité d'une décision, laissaient pantois tant elles devaient lui demander d'attention. Il fallait se rendre à l'évidence, seule la peur pouvait justifier un tel comportement.

Pourtant, aucun chômage, aucun revers commercial, aucune faillite ne pouvaient l'affecter. Rien, il ne pouvait rien lui arriver. Il était du Corps, ce qui lui assurait une protection à vie et contre toute épreuve au sein de la République. Il vivait avec une sécurité totale dans un monde incertain et en continuelles transformations, préservé des difficultés de la vie réelle. Rien ne pouvait menacer sa position, pourtant il avait peur de l'imprévu et du risque. Même s'il faisait partie des *intouchables* de la République, il savait qu'en plus haut lieu on juge plus sévèrement celui qui agit et se fourvoie, que celui qui ne fait rien. Il s'était donc facilement convaincu de ne plus agir, sauf sur ordre écrit, et de traverser les postes qu'il occuperait sans laisser de traces. Être lisse, ne s'autoriser aucune émotion réelle, et ne jamais être à l'origine de la moindre *vague*. Il avait pour ligne de conduite d'agir seulement si la totale acceptation du personnel, des clients, ou du ministère, lui était garantie. En cas contraire, il s'arrangeait pour laisser agir quelqu'un d'autre. L'époque était au consensus. Tout conflit était à proscrire, puisque considéré comme une faute. Alors peu importait le résultat obtenu, il fallait être reconnu comme un « *homme de consensus* ». La réussite était à cette condition. Ursy avait donc décidé de glisser, tel un courant d'air, entre les sujets. Il en avait fait un art.

Développer la compétitivité de son pays, lutter contre le réchauffement climatique, limiter la destruction de la biodiversité, aider à améliorer la balance commerciale, bref, tous ces sujets qui n'avaient rien de consensuel, il les laissait volontiers à ceux qui aimaient le combat, à tous ces naïfs qui s'imaginaient pouvoir changer les choses, et aux plus naïfs encore, ceux qui souhaitaient transformer la France. Il en avait croisé beaucoup de ces naïfs qui avaient terminé leur course, fracassés dans un placard, doré certes, mais un placard sans horizon de carrière, parce qu'ils avaient déplu quelque part dans les hauteurs de l'administration. Il ne se concentrait donc que sur un seul sujet : sa carrière. Le métier du haut fonctionnaire, c'est avant tout la carrière. Au final, il sera jugé sur sa carrière et son grade, pas sur ce qu'il a fait. Comme ces sculptures de cristal, fragiles, délicates, et de grand prix, elle doit être le fruit d'une attention constante. Chaque mot, chaque heure qui passe, chaque compliment prononcé, tout doit être maîtrisé pour parfaire la construction de cette œuvre cathédrale. Elle est un travail d'orfèvre, tout en méticulosité et en patience. En chaque instant, peser l'intérêt de chaque pas, et éviter le faux pas. À ce jeu, seuls les plus habiles émergeront. Ils seront les meilleurs de leur génération, craints et puissants. Ils auront réussi leur vie. Ursy pensait ainsi.

Sa représentation du haut fonctionnaire du Corps était idéaliste. Il le voyait auréolé d'une sainteté laïque. Cette connotation religieuse n'était pas adéquate et prêtait à confusion. Cependant, en dépouillant ce mot du caractère religieux, tout en conservant la vénération portée au saint, il lui paraissait avoir trouvé la meilleure image pour décrire sa représentation du haut fonctionnaire. Ce statut, prestigieux entre tous, marquait l'homme ainsi honoré du sceau de *l'exceptionnel*. Tout citoyen lui devait le respect, et l'État, la reconnaissance. Par déduction, Ursy en concluait qu'il méritait donc le meilleur de ce que l'État pouvait offrir : les plus beaux postes, riches des privilèges les plus confortables, mais aussi ceux qui, plus subtils, se révélaient être des marchepieds vers les sommets de la hiérarchie ministérielle. Construire une carrière demandait un esprit vif, et de maîtriser stratégies et tactiques. Tout le reste n'était que *décoratif* afin que la masse pense que les questions importantes étaient bien gérées et qu'elle n'ait pas l'envie de demander des comptes.

« *Quel théâtre !* » se disait souvent Ursy, étonné de tant de facilité et par la crédulité des gens. Parfois, en riant, il comparait son métier avec celui d'acteur, surtout quand il se rendait compte à quel point le décor était visible pour celui qui se serait donné la peine de regarder avec attention. La conviction qu'il nourrissait sur la supériorité naturelle du haut fonctionnaire ne s'en trouvait que plus justifiée. Et tout cela durait depuis tant d'années. Ce sujet était devenu une occasion d'amusement avec ses pairs. Ils finissaient par penser que la population acceptait pleinement cette situation, ou que le Français ordinaire avait en lui le besoin irrépressible d'admirer sa haute administration. « *Pourvu qu'il continue !* » se répétait-il intérieurement, pensant à la vingtaine d'années qui le séparaient encore de la retraite.

Ursy avait une vision claire de la répartition des tâches dans la société. Le traitement des problèmes revenait aux « *techniciens* ». Il appelait ainsi tous ceux qui n'étaient pas du Corps. Par définition, ils n'avaient pas les qualités pour évoluer dans les mêmes sphères que lui. Il leur revenait donc de servir les membres du Corps. Cette conception de la société avait le mérite de la simplicité : d'un côté, quelques privilégiés, détenteurs du diplôme et, de l'autre, la masse de ceux qui naturellement se trouvaient les obligés des premiers. Il prononçait le mot « *technicien* » avec un dédain à peine perceptible, mais que ceux qui le côtoyaient régulièrement entendaient à une légère intonation dont il ne pouvait encore se départir. Seuls les plus anciens du Corps savaient prononcer ce mot avec indifférence. Dans l'esprit d'Ursy, le « technicien » devait apporter aux membres du Corps temps et liberté d'esprit pour gérer leur propre carrière. Au sein du Corps, cette qualité essentielle du « *technicien* » était qualifiée de loyauté. Les meilleurs « *techniciens* » étaient les plus loyaux. Ils contribuaient à renforcer la solidité du Corps. En retour, on permettait au « *technicien* » d'évoluer à l'intérieur d'une sphère de carrières honorables qui, tout en le maintenant dans son rôle premier, lui donnait l'illusion d'une certaine reconnaissance. Depuis sa position, le « *technicien* » n'étant pas en mesure a priori de porter un regard complet sur le monde du Corps, le système trouvait son accomplissement par la frontière étanche qui séparait ces deux univers. Elle en était la clé de voûte et sa perfection. Tant qu'elle resterait solide, un Ursy pourrait profiter d'une liberté des plus complètes.

On comprend donc pourquoi Coulanges trouva un accueil particulièrement glacial lors des réunions parisiennes, donnant l'impression, malgré lui, de vouloir traverser cette ligne étanche. Par la suite, la réponse de Touzel à sa candidature ne s'était pas fait attendre. Elle l'avait replacé dans son rôle de « *technicien* ».

Dans l'esprit d'Ursy comme dans celui de ses pairs, la société, ainsi partagée en deux parties, offrait des règles simples pour préserver durablement l'équilibre constitutif de leurs privilèges. Ils faisaient comme l'héritier tenant à distance ceux qui s'approchaient du riche propriétaire, de crainte qu'une partie de l'héritage ne lui échappe. De droit, l'héritier reçoit sa part du seul fait de la filiation. Par grâce ou hasard, il n'a rien fait d'autre que de naître à l'endroit adéquat. Il y avait quelque chose de semblable avec le Corps. Ensemble, ses membres constituaient ce que certains d'entre eux appelaient une *famille*, estimant dès lors qu'ils héritaient *de droit* du domaine réservé de l'État : les meilleurs postes et leurs privilèges.

Elle se situait donc là, cette peur que Coulanges décelait chez son supérieur. La peur d'être spolié d'une partie de l'héritage. Aussi paradoxal que cela puisse paraître, le privilège était donc à la racine de sa peur. Quand on a tout sans avoir eu à le gagner, quand on vit sans risque, quand, enfin, on est convaincu d'être de l'élite, il est inenvisageable d'imaginer perdre quoi que ce soit. Tout simplement parce que l'on ne sait pas comment le regagner. Pour cette raison, malgré le pouvoir et l'impunité que son poste lui offrait, curieusement, Ursy s'imaginait en précarité. Il craignait la décision. Pire, il l'abhorrait. La part de risque dans toute décision le faisait reculer ou, au mieux, patienter et gagner du temps. Pourtant, Ursy ne pouvait rien perdre. Rien, ou au pire, peut-être la possibilité d'accéder à plus de privilèges.

Un jour, Coulanges eut la confirmation de son intuition quand, voisin d'Ursy lors d'une réunion tendue, il sentit les effluves de l'odeur corporelle de son supérieur. Une odeur âcre, lourde et écœurante. L'odeur du stress. Malgré son style impeccable, ses vêtements de luxe, ses grands éclats de rire et son apparente maîtrise des situations, l'homme sentait la peur. Une peur poisseuse. Ce jour-là, il se trouvait acculé à prendre une décision importante. Les pirouettes habituelles lui avaient fait gagner des semaines, puis des mois. Il tenta une dernière esquive. Il pensa probablement qu'elle serait de nature à déstabiliser certains autour de lui, donnant, à la façon d'un grand coup de vent, une hauteur de vue au débat. Il prit la parole et dit avec assurance :

– J'ai un peu de mal à comprendre la réalité du problème. Vu de Sirius, je ne vois aucune difficulté. Bref, je propose d'organiser une réunion entre techniciens et de leur confier comme feuille de route l'élaboration d'un agenda.

« *Vu de Sirius* » ... Coulanges n'en crut pas ses oreilles. En trois mots, Ursy disait tout : son positionnement personnel, ultra supérieur, sa façon de considérer les difficultés présentées, mineures pour ne pas avoir à les traiter, et une condescendance certaine, renvoyant les « *techniciens* » à leur classe. Enfin, il prenait soin de noyer le tout dans le vide d'un jargon qu'il maîtrisait admirablement. Parmi les pairs d'Ursy, Coulanges aurait l'occasion d'entendre des variantes de l'expression « *Vu de Sirius* », sous la forme de « *Vu de la Lune* », ou encore « *Vu d'Andromède* ». À chaque fois, le même regard hautain posé autour d'eux. Avec subtilité, elles marquaient leur désintérêt pour tout ce qu'ils considéraient être du ressort de l'homme ordinaire. Ils appelaient cela, « *la logistique* » ou « *la cuisine* ». Les plus arrogants d'entre eux disaient aussi « *De minimis non curat praetor* »[12]. Ils prononçaient alors ces cinq mots avec un air détaché, presque dédaigneux, et se gardaient bien d'en apporter la traduction.

---

12. Adage juridique latin qui signifie : « *Le chef ne s'occupe pas des détails* ».

Bref, l'élite ne s'encombrait pas des questions de détail.

Mais, cette fois-ci, la pirouette d'Ursy s'avéra inefficace, sans doute incomprise des participants. Il arrivait que ces subtilités, à trop vouloir l'être, manquent leur cible. Il se retrouva donc à la croisée des chemins, contraint de décider. Il s'exécuta, mais s'attacha à donner l'impression qu'il agissait avec aisance et clairvoyance. Malgré lui, il avait dû sortir de l'immobilisme protecteur. La seule chose qu'il ne pouvait maîtriser, son odeur, l'avait trahi.

L'homme ordinaire ne pouvait imaginer que ces hommes, en qui il n'avait pas d'autre choix que de remettre sa confiance, étaient tétanisés par le risque. La société avançait dans l'insouciance, convaincue d'être guidée par un groupe d'hommes tenant fermement la barre du navire. Certains politiques aux commandes[13] pouvaient toujours affirmer haut et fort que « *Le pire risque, c'est celui de ne pas en prendre* », une telle sentence restait sans effet sur Ursy. Il enfilait avec prestance le manteau de l'arrogance et rejetait loin de lui ce qui pouvait le conduire à prendre un risque. En marquant ostensiblement une distance avec l'homme ordinaire, il se protégeait.

À chacune de ses observations, Coulanges s'enfonçait un peu plus loin dans la stupéfaction. Le pays était occupé par une élite dont une part faisait de l'immobilisme une méthode. Il n'était donc plus conduit. Dans un monde imprévisible, instable, traversé par des courants parfois violents, l'élite a reçu un pouvoir, celui de conduire la population. Là est son rôle. En restant planté tel un piquet au milieu des grands courants, on finit noyé. L'élite doit incarner l'agilité pour guider. Lorsqu'elle manque à ce devoir, elle condamne le peuple à se noyer.

---

13. Nicolas Sarkozy, déclaration le 24 mai 2011.

Mais Ursy n'en démordait pas : le changement était incompatible avec la carrière. Il était l'homme des univers clos et immuables, certain d'y préserver sa liberté et ses privilèges. Le Corps avait fini par isoler le pays de la marche du Temps.

Le système tournait à vide.

À travers le voile du prestige et de la légende, au-delà du jargon et du « costard » impeccable, le Corps apparaissait peu à peu dans toute sa banalité égoïste.

D'un côté, l'élite résistait, et de l'autre, la masse, ignorante parce que confiante, ne savait pas encore qu'elle paierait un jour le poids considérable de l'immobilisme.

# Chapitre 8
# Des administrateurs

*« Lorsque l'homme ne développe que les aptitudes aux réalisations extérieures, il finit par devenir un robot. Cela concerne surtout les instances dirigeantes de la vie publique. Le manager est souvent l'incarnation de toutes les forces de domination du monde, allant de pair avec une carence totale de capacité à la maturation intérieure et à la profondeur spirituelle. Il est l'homme qui sait tout, peut tout et possède tout, mais qui n'est pas encore arrivé à être lui-même. »*

K. G. Dürckeim
*L'expérience de la transcendance*

Les semaines se suivaient et continuaient d'offrir un observatoire unique sur la personnalité d'Ursy. Marqué par son expérience des réunions parisiennes, et désormais en situation de suivre Ursy dans chacune de ses paroles et actions, Coulanges comprit que cet homme concentrait les traits caractéristiques du haut fonctionnaire du Corps. Depuis sa position de témoin privilégié, il avait eu tout le loisir de se rendre compte que ces hauts fonctionnaires avaient, à des degrés divers, un état d'esprit et un mode d'être si semblables qu'ils relevaient d'une marque de fabrique. Ursy était si caricatural dans ses façons d'être, ou de penser, qu'il permettait à lui seul d'esquisser une description typique de ces hommes.

Coulanges avait une représentation simple du devoir de l'élite : montrer le chemin à suivre, en proposant au pays une vision de l'avenir et les voies qui se dessinaient pour le vivre en commun et en paix. La collectivité investissait massivement dans la formation de ceux qui allaient devenir son élite, espérant en retour qu'ils remplissent leur devoir. La vision attendue était suffisamment précieuse pour justifier le sacrifice collectif d'un enseignement coûteux, offert à quelques-uns.

Cette relation, entre ce que d'aucuns appelaient « *les premiers de cordée* »[14] et tous les autres, scelle un engagement réciproque bâti sur la confiance. Elle est un pacte tacite pour assurer la prospérité d'une société. Il suffit que la corde vienne à casser entre les premiers et les suivants, quelle que soit la raison, et c'est tout l'édifice qui s'écroule, corrompu de l'intérieur par un mal invisible que rien n'avait été en mesure d'arrêter. La corde finit par rompre lorsque disparaît la conscience du devoir. La rupture peut mettre des années, et s'étaler sur des décennies, ponctuées de divers craquements. La corde est faite d'une multitude de brins. Tressés entre eux, ils en assurent la robustesse et la longévité. Si seulement l'un d'entre eux cède, la résistance de la corde n'est pas encore mise en péril. Mais lorsque plusieurs ont déjà cédé, qu'un nouveau vienne à se rompre, ou qu'une tension tende un peu plus la corde, et celle-ci casse d'un coup. En alpinisme, si la corde cède après les premiers de cordée, seuls ceux-ci resteront en vie. Les autres, tous les autres, iront se fracasser en contrebas. Il est possible qu'une élite non fraternelle

---

14. Emmanuel Macron, le 15 octobre 2017 : « Je crois à la cordée, il y a des hommes et des femmes qui réussissent parce qu'ils ont des talents (...) Si l'on commence à jeter des cailloux sur les premiers de cordée, c'est toute la cordée qui dégringole ».

pense de cette façon. Il est possible aussi qu'elle ne s'émeuve pas d'une éventuelle rupture de la corde, puisqu'au sommet, elle profitera seule de l'air pur. Il se peut aussi que cette élite imagine parvenir plus vite au but, ainsi délestée de ceux qui pèsent sur la corde. Enfin, il est surtout probable qu'elle n'ait pas conscience de l'étendue de sa responsabilité. La cordée réussit à la seule condition que tous ses membres, sans exception, atteignent le but fixé, sains et saufs. Elle trouvera dans la solidarité et la confiance la condition pour y parvenir.

Au cours de leurs dernières années d'études, les membres du Corps étaient conduits à perdre toute forme d'humilité. Ils acquéraient la conviction de ne devoir cette réussite scolaire qu'à leur seule valeur personnelle. On ne naît pas vaniteux, on le devient. Ces quelques années de formation leur apportaient une certitude, celle d'être l'excellence. On leur apprenait qu'ils dirigeraient la nation. Dans l'esprit de ces hommes, cette logique très simple construisait et justifiait leur valeur insigne. Ils n'avaient qu'à tourner le regard vers leurs aînés pour voir les preuves vivantes d'une vie aisée, sécurisée, toute tracée et faite de réussites. Peu importait l'absence de qualités humaines ou de compétences chez ces hommes, ils avaient tous réussi.

Au sortir de leurs études, ils appréciaient la façon dont le pays se courbait devant eux et essayait de les mériter. Cela terminait de les façonner. La conscience qu'ils avaient de leur excellence ne serait jamais plus remise en question. Alors, ils en venaient à se prendre d'admiration pour eux-mêmes, incapables de s'interroger sur leur réelle supériorité. Ils n'en auraient pas non plus l'opportunité, car rien, ni personne ne viendrait les contredire. Leur excellence était devenue un dogme.

Cette formation produisait des hommes et des femmes, non pas supérieurs, mais convaincus de l'être. Sans expérience significative de la vie ni de la société, sans aucune réalisation à leur actif, ils étaient devenus l'élite par la magie d'un diplôme. Leur connaissance du monde se résumait donc à celle de leur milieu et à ses représentations de classe. La vanité était ce qu'ils avaient appris de plus formateur durant leur cursus qui, en dehors de cela, n'avait que peu d'utilité. Elle ne faisait l'objet d'aucune leçon, mais elle traversait tout leur enseignement. Une fois affectés dans un poste, ils n'envisageaient pas d'être meilleurs, mais supérieurs. Désormais habités par la vanité, les nouveaux membres assureraient la relève et se mettraient prioritairement au service du Corps et de son prestige. La loyauté au Corps était première. Elle dépassait toutes les autres. Appartenir au Corps, c'était l'assurance que les échecs n'existeraient pas et que les réussites seraient démultipliées. La bonne conduite du pays était chose secondaire. Le désir, ou l'obsession, de la carrière venait fleurir sur le terreau de la vanité. Puisqu'ils s'admiraient, n'ayant aucun doute quant au fait d'être dignes d'admiration, ils étaient convaincus de mériter *le meilleur*. Plus précisément, ils estimaient que le meilleur devait leur être réservé, et à eux seuls. Quand ces hommes pensaient *le meilleur*, leur esprit ne se tournait pas vers une amélioration du fonctionnement de leur pays, mais vers les privilèges. Ils leur étaient dus, en tant que *maîtres* du pays. C'était une évidence qui ne faisait plus débat. Dans leur esprit, les privilèges justifiaient leur valeur exceptionnelle, laquelle justifiait à son tour de nouveaux privilèges. Et ainsi de suite, dans une progression qui avait pour seule limite la capacité d'acceptation de la population. La limite réelle du système, la seule limite que rencontraient ces hommes était celle-ci. Alors, pour la repousser au plus loin, ils se faisaient discrets.

C'est ainsi que, silencieux au cœur de la machinerie d'État, présent derrière chaque levier décisif, le Corps veillait aux privilèges et à leur évolution. Ils étaient au cœur de ses préoccupations, l'importance du privilège accordé mesurant l'influence de ses membres, donc au final la sienne. Ces hommes puissants, qui avaient grandi grâce au Corps, charpentés par la vanité, que devaient-ils à ce qu'ils étaient intrinsèquement ? Dans un monde sans Corps, et sans statut de haut fonctionnaire, auraient-ils fait partie de l'élite de la nation ? La question tournait et retournait dans l'esprit de Coulanges depuis ces réunions parisiennes.

Coulanges connaissait ce mot de Christine de Suède, femme d'exception : « *La vanité n'a d'oreille que pour ce qui la flatte* ». Il devint flatteur et c'est ainsi qu'il gagna aisément la confiance d'Ursy. Il la gagna naturellement, mécaniquement, pourrait-on dire. Le vaniteux aime celui qui reconnaît ses talents. Il le reconnaît volontiers intelligent et le pare de diverses qualités qui ne lui font pas d'ombre. Peu à peu, il en vient à rechercher son avis. Perché au sommet de son pouvoir, le vaniteux se révèle en réalité un être faible et fragile. Ce paradoxe le rend potentiellement dangereux. Lorsqu'il prend conscience de sa réelle fragilité, il va concentrer son énergie à détruire quiconque le renvoie à cette faiblesse. Et plus il se sait faible, plus il sera capable d'une violence cynique. Plus tard, Coulanges aurait l'occasion de voir par lui-même qu'il faut redouter un membre de cette élite, surtout lorsqu'il jouit d'une complète impunité.

Pour l'heure, mis en confiance par son collaborateur, Ursy retira peu à peu son masque. Il ne le fit que devant lui seul. Il se maîtrisa moins et laissa apparaître ce qu'il cachait.

Au fil des sujets qui se présentaient, Coulanges commença à recevoir ses confidences. Au début, elles arrivaient au goutte-à-goutte puis, assez rapidement, elles se mirent à couler sans filtre. C'est ainsi que les membres du ministère, à l'exception des membres du Corps, étaient, d'après lui, des « *abrutis* » ; les clients, qu'il recevait pourtant avec tant d'enthousiasme, des « *nuls* » ; tel interlocuteur « *un homme dangereux* » ; sa responsable de la communication, une « *hystérique* » ; tel directeur, un « *tordu* » ; le préfet, un « *incompétent* » ; les salariés, des « *enfants gâtés* » ; tel journaliste de la presse locale, un « *imbécile immature* » ; etc.

Parmi toutes ces personnes qui avaient la naïveté de croire à son estime, aucune ne trouvait grâce à ses yeux. Seuls ses pairs étaient épargnés de toute appréciation négative, jusqu'à l'un d'entre eux qui, pourtant notoirement incompétent, avait trouvé chez Ursy son meilleur défenseur. À son sujet, ce dernier avait réagi au jugement mitigé d'un client par : « *Il est forcément bon puisqu'il est du Corps* », dit de façon définitive. Toutes ses remarques dessinaient le portrait d'un Ursy à l'attitude aussi méprisante que paranoïaque, aux antipodes de ce qu'il laissait paraître en public.

La vanité éloigne, puis isole des autres. Quand elle a gagné un esprit, elle l'enferme sur les hauteurs d'un promontoire d'où il ne voit plus le monde que par la loupe transformante et trompeuse d'un ego devenu difforme. Coulanges découvrait ce qui s'agitait en réalité sous le « costard » parfait de son hiérarchique. Maintenant qu'il connaissait la duplicité d'Ursy, il continua de l'observer au contact de toutes ces personnes qu'il accablait de ses jugements assassins. La maîtrise qu'il avait de lui était si parfaite qu'elle en était effrayante. Pour la première fois dans son milieu professionnel, Coulanges se prit à ressentir de la peur. Comme une basse continue, jour après jour, ce sentiment ne le quitterait plus.

Qu'est-ce qu'une élite qui n'avait que mépris à l'égard d'autrui et se pensait supérieurement intelligente parce qu'elle savait admirablement contenir son mépris derrière un sourire charmeur ? Ces hommes n'étaient pas l'élite. Ils jouaient à l'élite. Ils agissaient sans se soucier de dégrader son image dans l'esprit du citoyen. Personne ne peut masquer indéfiniment un sentiment aussi profond que le mépris. Il transpire lentement des actes, des paroles et des gestes, et immanquablement le citoyen le perçoit. Un jour, il prendra conscience d'être berné, trompé, trahi. Il répondra par la colère, une colère destructrice avançant sur tout ce qui lui rappellera la trahison. Depuis la nuit des temps, les mécanismes n'ont pas changé. Non seulement le mépris est une violence indigne de l'élite, mais il est surtout irresponsable. Il met en péril la nation tout entière, et la transformera en brasier. Comment réagit le citoyen qui s'est construit avec une haute idée de son pays, et avec les valeurs inscrites sur sa devise, lorsqu'il découvre que son élite ne le défend pas ? Pire, lorsqu'il apprend qu'elle ne le protège plus, mais profite de sa confiance pour gérer ses propres intérêts ?

La paranoïa que manifestait Ursy à l'égard de ceux qui pouvaient émettre une critique de ses analyses, et qui gagnaient du même coup le qualificatif de « *tordus* » ou de « *dangereux* », disait toute sa crainte d'être découvert dans sa vérité.

Lors des rares occasions où Ursy se trouvait mis en difficulté, Coulanges constatait qu'en affichant un sourire appuyé il commençait lentement sa phrase avec la même formule. Elle tombait comme une masse pour faire taire son interlocuteur : « *J'ai été nommé par décret présidentiel...* ». C'était la stricte vérité. Mais, comment comprendre qu'un membre de l'élite puisse se prévaloir de la façon dont il avait été nommé pour justifier une parole ou une décision ? Ursy jouait sur les sous-entendus obscurs que cette formule imposait dans l'esprit de celui qui la recevait. De cette façon, il laissait circuler l'idée qu'une telle nomination lui conférait l'infaillibilité ou, du moins, une parole plus valable. Mais, surtout, chacun comprenait aussi qu'il disposait d'un réseau puissant et d'appuis en haut lieu. Prudent, il se gardait toujours de sortir du sous-entendu et maniait les non-dits avec aisance. Habile, il les semait au cours de ses rencontres, pour envelopper sa personne du halo de la légende. Il obtenait en général ce qu'il souhaitait : on ne se mettait pas au travers de son chemin. La puissance, réelle ou supposée, imposait sa vérité.

Coulanges était de nature opiniâtre. Il profiterait de la confiance que lui accordait Ursy pour le sonder plus en profondeur. Jusqu'à présent, l'observation qu'il avait menée n'avait été que superficielle. Il aurait pu en rester là, et ne pas chercher à en savoir plus de la personnalité d'Ursy. Mais il avait l'intuition que cet homme était aussi un symptôme. Le symptôme d'un mal sans visage précis et que de nombreux visionnaires avaient pourtant annoncé, sans que les consciences en soient pour autant durablement éclairées. Il voulait en connaître plus sur lui, sur sa vision du monde, ou de l'avenir. Sans a priori particulier, il s'attendait à trouver en lui une épaisseur humaine, une robustesse intérieure captant naturellement confiance et respect.

Le bon moment allait être un séminaire organisé pour les cadres. Ursy avait prévu un groupe de travail en matinée autour d'un sujet consensuel. Il aimait ces réunions sans ambition qui donnaient l'illusion du travail et lui offraient facilement la posture de rassembleur. Le déjeuner serait suivi d'une chasse au trésor par équipes, une activité infantilisante qu'il considérait avoir pleinement sa place dans un séminaire de cadres, et dont il s'arrangerait pour être, comme chaque année, le grand gagnant. Elle se déroula dans un cadre champêtre. Le temps était à la détente. Les conditions étaient réunies pour qu'Ursy se livre un peu sur lui-même.

En fin d'après-midi, ponctuant une journée vécue dans la bonne humeur, un apéritif bienvenu fut servi sur la terrasse du restaurant gastronomique qui les accueillait pour le dîner. Coulanges chercha Ursy des yeux puis, l'ayant trouvé, se dirigea vers lui avec un verre de champagne :

– La journée a été parfaite, lui dit-il en approchant son verre du sien pour trinquer.

– Nous avons eu de la chance, la météo a été avec nous.

– C'est toi qui as eu l'idée de la chasse au trésor ? lui demanda Coulanges.

– Non, au début je n'étais pas chaud, mais je me suis laissé convaincre par le prestataire qui gère l'organisation de la journée. Au final, c'était une bonne idée, sauf les questions que j'ai trouvées mal équilibrées, répondit Ursy.

– Ah, qu'entends-tu par-là ?

– Il y avait des questions de culture. J'avais demandé que ce soit ludique et on se serait cru à un examen de culture générale. C'était pas malin.

– C'est vrai, plusieurs n'étaient pas évidentes, mais comme j'aime la littérature et l'histoire, j'étais plutôt servi.

– Tu sais, moi, je suis plutôt BD. Je ne lis rien d'autre. Alors les questions de culture, ça ne m'intéresse pas, répondit Ursy en finissant son verre.

Pour la première fois, Ursy venait de glisser une information personnelle. Coulanges sauta sur l'occasion. Il ne connaissait pas grand-chose à l'univers de la BD, à part celles qu'il avait lues étant enfant. Il se lança, au risque de trouver en son patron un véritable expert :

– J'aime aussi la BD, mais je n'y connais pas grand-chose.

– Moi, c'est pareil. En dehors d'Astérix et Obélix, et de Tintin, je ne sais pas trop ce qui se fait. Astérix, c'est ma bible.

– Ah oui, une bible ? lui répondit Coulanges intrigué.

– Si je t'assure. Tiens, tu te souviens du personnage de Détritus dans *La zizanie* ?

– Oui, un peu...

– Eh bien, Tisserand, c'est Détritus[15].

Coulanges marqua un temps d'arrêt. Il fit mine de réfléchir et de trouver pertinent ce que lui disait Ursy. Puis, il reprit :

– Hum, en effet, tu as raison, je n'y avais pas pensé. C'est troublant, mais très juste.

– Je vais te donner un autre exemple. Tu vois, Judith ? Eh bien c'est Histeric, en femme, dans *Astérix et les Goths*[16]. Mais le plus génial c'est le dialogue entre César et Caïus Saugrenus dans *Obélix et compagnie*. Tout y est sur les énarques ![17], dit-il en riant.

– Tu les connais par cœur !

– Je les connais plutôt bien, corrigea Ursy, avec l'allure du faux modeste.

Coulanges changea de sujet, et continua son exploration.

– J'ai pensé à toi pendant la chasse au trésor, car nous avons eu une question d'histoire assez difficile sur la cathédrale de Strasbourg. Dommage, tu n'étais pas avec nous. Tu y as vécu, je crois. Tu aurais sûrement pu répondre ! On est restés secs.

– Tu plaisantes ? Il n'est pas encore né, celui qui me fera entrer dans une église.

– Elle est inscrite au patrimoine mondial de l'humanité. Tu dois la connaître.

---

15. Tisserand était un cadre de l'entreprise qui répandait la discorde dans les services. Ursy demandait régulièrement à Coulanges de le licencier.

16. Judith était responsable communication d'Ursy.

17. « (César) – Parle ! Voyons ce qu'on vous apprend dans ma Nouvelle École d'Affranchis.
(Caïus Saugrenus) – C'est simple, Ô César, l'appât du gain, l'or... » (*Obélix et compagnie*).

– Ah oui ! J'ai habité à côté. Mais, je n'ai jamais voulu y mettre les pieds. Il paraît qu'elle est extraordinaire, mais, par principe, je n'entre pas dans une église.

– Par principe ? lui demanda Coulanges stupéfait.

– Oui, par principe. C'est comme ça.

Coulanges ne put en savoir plus et dut se contenter de cette réponse aussi puérile que le changement de logo.

Heureusement, Maurice Pluchon, le responsable HSE[18], visiblement réjoui de sa journée ainsi que de la qualité du champagne, s'approcha et interpella Ursy avec un enthousiasme tonitruant. Pour une fois, Coulanges remercia intérieurement Pluchon et poussa un soupir de soulagement. La discussion avec Ursy allait s'enliser et devenir compliquée. Il les laissa tous les deux et s'éclipsa, prétextant qu'il avait besoin de se rendre au buffet pour manger quelque chose après un premier verre de champagne.

Pluchon venait de recevoir quelques semaines auparavant une nouvelle promotion à laquelle personne ne s'attendait, pas même lui. Cet homme avait le talent du poulpe. Il excellait à se mettre à la suite de toute personne qu'il jugeait utile pour ses intérêts, et à s'en faire l'écho obséquieux par mimétisme. C'est ainsi qu'Ursy et lui étaient devenus inséparables, mais à la manière du ventriloque avec sa marionnette. Ursy avait besoin d'une caution et Pluchon était le candidat parfait dans le rôle de l'idiot utile. À la surprise générale, il s'était mis à monter rapidement dans l'organigramme. Convaincu de devoir cet avancement à ses qualités personnelles, son narcissisme, déjà largement développé, avait suivi la même pente. Au contact d'Ursy, il était devenu ambitieux. Pluchon était de ces hommes dont l'immaturité les portait à s'imaginer inestimables. Aussi, espérant

______

18. Hygiène Sécurité Environnement.

que chacun lui en apporte la confirmation, et ayant besoin d'être aimé, il se faisait le plus aimable possible. Ursy l'avait bien compris. Pluchon n'était pas dangereux et ne le serait jamais. Il compensait son absence de courage en dorlotant son ego.

Comme beaucoup de ces hommes convaincus d'avoir réussi, Pluchon était un « bobo » qui « pensait bien », une girouette qui avait confié au vent la direction de ses opinions. Il était devenu le réceptacle des idéologies molles et bien-pensantes de son époque. Il pensait mou, arborant avec un large sourire la bonne conscience, tout en oubliant qu'il vivait à l'abri du besoin dans un univers protégé. Il se qualifiait volontiers d'optimiste. Selon lui, ce mot renvoyait une valeur profondément positive de sa personne. Plus justement, il avait l'optimisme de ceux qui savaient qu'il existait toujours d'autres hommes qui empoigneraient les situations difficiles à leur place, prendraient les coups à leur place, et leur donneraient l'opportunité, au final, de profiter de la situation créée, à leur place. Bref, l'optimisme des lâches. Pluchon était de ces hommes qui, n'ayant jamais rien vécu d'autre qu'un confort sans accrocs, offraient avec certitude des leçons de vie. Inconscient de sa superficialité et de l'agacement qu'il suscitait, il parlait fort et avec conviction, exhibant sans retenue sa proximité avec le directeur. Ce cadre inutile, superficiel et inoffensif, avait attiré l'attention d'Ursy depuis que celui-ci l'observait s'enivrer de l'illusion de sa propre importance. Il aimait particulièrement ce type de cadre, si facilement manœuvrable et sans surprises. Il s'en servirait, tout en étant suffisamment lucide pour lui accorder une confiance limitée. Ursy l'avait fait monter dans la hiérarchie parce qu'il n'avait pas d'épaisseur. Son choix avait été mûrement réfléchi. Avec lui, aucune contestation, aucun débat d'idées n'était à craindre. Naïf et vide, Pluchon ne s'intéresserait qu'à lui-même. Aux yeux d'Ursy, Coulanges était bien différent, trop insaisissable. Même si leur relation était bonne, il sentait confusément en lui la possibilité d'un jugement de sa part. Les hommes droits lui déplaisaient, car trop difficiles à circonvenir.

Peu après son arrivée, Ursy avait adressé cet avertissement à ses cadres les plus proches : « *Pas de putsch* ! » avait-il prévenu d'un ton sec, en les regardant un à un, l'air soupçonneux. Pourtant, personne n'imaginait entrer en concurrence avec lui, et encore moins prendre sa place. Cette parole était donc inattendue, révélant la paranoïa qui le travaillait, nourrie probablement par un vague écho d'illégitimité qu'il était évidemment incapable de reconnaître.

Par la promotion de Pluchon, Ursy avait commencé à s'entourer d'un *cordon sanitaire*. Il le renforça avec d'autres hommes choisis pour leur personnalité terne. Ils lui seraient tous redevables d'une position à laquelle jamais ils n'auraient pu accéder autrement. Dans l'ivresse de leur promotion, ils le remercieraient avec admiration et obséquiosité. Peu importait leur médiocrité, Ursy renforçait son immunité.

On mesure la qualité d'un dirigeant aux hommes qu'il élève et dont il s'entoure. Soit ils lui ressemblent, soit ils n'ont pas d'autre fonction que de le protéger. La psychologie et les intentions du dirigeant se lisent à travers ses collaborateurs. Ursy ne cherchait pas l'exigence. Il n'en avait que faire. Elle ne faisait plus les carrières. L'époque était à l'étouffement de tout ce qui s'agite ou peut faire du bruit. La médiocrité est silencieuse. Grise et terne, elle n'a rien à dire. C'était absurde, mais c'était sur elle que cette élite s'appuyait désormais pour faire carrière. La médiocrité servait de faire valoir aux Ursy. À défaut d'être brillants, ils avaient besoin d'autrui pour renvoyer la lumière sur eux. Ayant choisi la tranquillité et la carrière, Ursy favoriserait la médiocrité. Il privilégierait l'homme fade au courageux. Le collaborateur fade n'est pas encombrant. Le courageux est un problème en soi ; il aime la vérité et la justice. Seule une élite de qualité peut résister à la vérité et à la justice.

Enfin, pour un Ursy, la médiocrité a un autre avantage, majeur celui-ci. Elle est pratique, simple à mettre en œuvre, et passe inaperçue. Une fois inoculée dans une organisation, elle s'étale comme la tache d'huile, gagne les esprits, jusqu'à devenir la règle. Un médiocre promeut toujours un médiocre, par intérêt. Après un certain temps, sans que personne n'y trouve rien à redire, les premiers de cordée se trouvent remplacés par les médiocres. Alors la médiocrité devient le principe à partir duquel tout s'agence, et toute la cordée en est imprégnée. Comme tout ce qui manque d'intelligence, la médiocrité exclut toute autre expression. Elle devient la seule règle pour le groupe, et elle juge sévèrement tout ce qui lui paraît différent. Alors elle règne avec Ursy pour maître.

Pluchon était la tache d'huile.

Quelques semaines après ce séminaire, Ursy dévoila enfin son projet pour l'établissement. Il profita d'une réunion avec ses cadres et exprima, enthousiaste, ce qu'il estimait indispensable de mener à court terme pour faire entrer l'organisation dans la « *modernité* ». Il expliqua l'évidence et surtout l'absolue priorité de ce projet. Il parla avec assurance, comme un homme de la rupture et de l'avenir. Dans sa présentation, il concluait à la nécessité de mettre en œuvre un « *Système de management intégré* ». Un nom ronflant et technocratique pour justifier une nouvelle couche de procédures. Il la décrivit comme la panacée capable, selon lui, de régénérer l'établissement. Il en parlait plutôt bien, avec le semblant de passion de celui qui n'a lu qu'un livre et se fait passer pour un homme cultivé. À l'écouter, toute difficulté serait désormais définitivement dissoute dans la procédure.

Cette croyance que le réglementaire, les normes, les procédures, transformaient la réalité pour la rendre semblable à notre désir, relevait soit de la bêtise, soit d'une redoutable hubris. Dans tous les cas, elle était la marque d'une incompétence certaine et d'une lâcheté qui refusait de se reconnaître comme telle. Produire des normes est un moyen subtil pour s'abstraire du réel, et ne rien en craindre.

Quelques regards s'échangèrent discrètement. « *Il n'a donc que ça comme idée ?* », se disaient-ils. Des dizaines et des dizaines de procédures encombraient déjà la vie courante de l'établissement, sans jamais avoir montré une quelconque efficacité. Et voilà qu'Ursy annonçait, avec la fougue du général d'empire ouvrant la voie, qu'il avait décidé d'en ajouter des dizaines d'autres. Là était sa « *toute première priorité* », comme il disait. Plutôt que d'aller chercher de nouvelles parts de marché, Ursy rêvait de normes et de procédures derrière son bureau vide. C'était plus simple et point besoin de courage. Les procédures avaient l'immense avantage de ne pas exposer son absence d'imagination, et de dissoudre toute responsabilité personnelle. Caché derrière une procédure, on ne risquait rien.

Lorsqu'Ursy prit ses fonctions, Pluchon sentit l'aubaine. Il était à l'aise avec de tels hommes. Il sut immédiatement qu'il tirerait parti à se montrer un partisan du réglementaire. Alors, pour plaire à Ursy, à défaut d'idées innovantes, il s'était mis à afficher scrupuleusement, tous les mois à l'entrée de la cafétéria, des indicateurs que personne ne regardait. Les salariés étaient las de ces smileys puérils aux émotions binaires qui avaient remplacé le langage dans l'esprit de ceux qui n'avaient rien à dire, tout en se prenant pour des hommes de progrès. Tout prenait une forme exagérément simple dans le regard de Pluchon. Plus on simplifie les choses, plus elles finissent par se conformer à ce qu'on a envie qu'elles soient. Alors, aveuglé par l'illusion et la vanité, on s'imagine avoir une emprise sur elles. Ursy fut évidemment séduit. La personnalité simpliste de Pluchon avait rencontré la sienne.

L'homme peu courageux, celui qui refuse d'empoigner le monde avec tous les risques que cela implique, simplifie. Il formate la réalité pour lui faire prendre la forme d'un schéma, le sien. Il simplifie pour effacer les aspérités, les duretés, les oppositions qu'il lui faudrait résoudre. Il simplifie pour effacer sa couardise et justifier son inaction. Enfin, il simplifie pour laisser croire à sa maîtrise de la réalité. Il crée une illusion au service de sa seule personne. Au pouvoir, le couard devient un autoritaire qui ne dit pas son nom. Simplifier est un autoritarisme, « soft » il est vrai, mais un autoritarisme.

Ursy était ce type d'homme. Il n'avait pas d'idées. Incapable de sortir des chemins balisés, il était devenu un champion de la procédure. À défaut de savoir s'adapter à la réalité, il la caricaturait, la simplifiait. À défaut de la comprendre, il en produisait une qu'il comprenait et qu'il imposait. On avait laissé de petits hommes, sans envergure et sans imagination, prendre le pouvoir et se le partager. C'était le sens de cette époque et il en profitait. Tant de procédures et de normes avaient enrayé la vie du pays. Combien étaient-ils ces individus qui, par facilité et par faiblesse, produisaient, comme Ursy, normes et procédures ? Combien étaient-ils à étouffer inexorablement leur pays, au lieu de le servir avec courage et d'accomplir leur mission ? Très certainement légion. Il suffisait de considérer les montagnes de textes réglementaires pour se convaincre de l'ampleur de leur démission face à la réalité. Ils l'avaient tant défigurée qu'elle était devenue une énigme pour beaucoup. Par leur incapacité à produire autre chose que de la grisaille administrative, ils avaient contribué à créer un monde désenchanté. Ces hommes étaient stériles.

Il est loin le temps où l'élite faisait l'histoire par son sang et son courage. Aujourd'hui, elle fait carrière en bâtissant des temples de papier et d'illusions. Et pourtant, ces hommes étaient l'élite.

Ils avaient la tâche de guider le peuple au travers des événements que produisait la réalité. Mais, quand on a, comme Ursy, pour seul horizon culturel et pour seule grille de lecture du monde, les aventures d'Astérix et Obélix, il est raisonnable de penser que peu seront capables de guider. Ils n'avaient que mépris pour la culture, et ne se privaient pas de l'afficher, comme on rejette par vanité ce qui fait défaut. Ils la simplifiaient, la réduisaient à un divertissement tant elle leur échappait. Ils dirigeaient un peuple dont ils étaient pourtant incapables d'apprécier les plus belles productions. Il faut craindre une telle élite sans culture. Elle n'a que faire de la grandeur de l'humanité. Elle sera incapable de la susciter et de la porter lorsque le temps pourra le lui ordonner.

Derrière leur « costard » et leur sourire, abrités sous les remparts du Corps, ils avaient tout étouffé de leur insipide création. Ils étaient les maîtres d'un monde duquel ils retiraient le souffle vital. Dans leur folle incompréhension du monde, ces hommes gris avaient pour ambition de réduire la vie de leur peuple à des normes. Par manque de noblesse, de courage et de grandeur, ils n'avaient rien trouvé d'autre pour le maîtriser. Lui retirer sa substance pour mieux en conserver le contrôle. Ils ne le dirigeaient plus. Ils agissaient contre lui et à son insu. Ils l'asservissaient.

L'élite devrait être une qualité d'être, faite de caractère vigoureux et de grandeur d'âme. Aussi est-elle avant tout une question d'être, non de savoir, encore moins d'avoir. Il ne s'agit pas de jouer un rôle, car appartenir à l'élite n'est ni une fonction ni un statut. Malgré cela, l'appartenance à l'élite est devenue une position acquise suite à l'évaluation d'un savoir au cours de la jeunesse. Ursy avait passé un concours. Il l'avait réussi et, dans l'instant, le Corps l'avait intégré en lui offrant le rang d'élite. Ce concours n'avait pourtant fait que mesurer sa capacité à conceptualiser, à parler de sujets préparés, à faire des notes de synthèse. Il avait donc mesuré sa capacité à mimer un rôle d'élite. Ce concours n'était qu'un tourniquet qui donnait accès, ou non à l'aristocratie moderne. Qu'on y entre, ou pas, dans les deux cas, c'était à vie. Le concours ne sélectionnait pas des visionnaires, des hommes pétris d'humanité, mais des hommes quelconques aux compétences d'administrateur avec, pour seule vision d'avenir, leur carrière. Un pays dirigé par des administrateurs court à sa perte. La médiocrité ayant tout infiltré, ce pays ne sait plus reconnaître les hommes dont il a besoin. Tragiquement, il les confond désormais avec les illusionnistes.

Ursy n'était qu'un homme tragiquement banal. Peut-être était-ce cette banalité qui, au final, était la plus effrayante. Ursy et ses confrères n'offraient rien que l'on puisse admirer et qui aurait ainsi justifié leur pouvoir.

Mais, ils disposaient des commandes de l'État, ce qui est évidemment une position de choix pour s'octroyer des avantages qu'un texte de loi veillera à rendre opportunément indiscutables. Les privilèges sont une drogue, et beaucoup de ces hommes en étaient devenus dépendants. Leur sevrage était illusoire, tant le privilège avait façonné leur état d'esprit.

Tristes temps qui ont permis une mise en place systémique de la médiocrité en des lieux qu'elle n'aurait jamais dû conquérir.

Le concours s'était conformé à cette déliquescence de la mission et choisissait des hommes correspondant à cette évolution. Il était devenu un distributeur à privilèges. Définitivement, *l'opportunisme* avait remplacé la grandeur. Plusieurs décennies auparavant, leurs anciens se dédiaient au service exigeant de l'État, mais ce service n'était plus aujourd'hui dans l'esprit des nouveaux qu'un euphémisme pour désigner le « désir de profiter ». Toute attitude aristocratique, dans ce que l'aristocratie comportait d'excellence, avait déserté ces hommes. Ursy était un inculte et un joueur de bonneteau. Il ne s'en cachait pas et l'assumait pleinement. Il saurait aussi montrer plus tard à Coulanges la part vicieuse de sa personne.

Lors des réunions parisiennes, Coulanges avait croisé des hommes semblables. Même légèreté, même culte du « costard », même inculture. Il comprit encore autre chose. Ces hommes banals, propulsés au rang d'élite, avaient été recrutés aussi sur leur absence d'originalité. Ils étaient interchangeables, tels des clones qui se remplaçaient les uns les autres sur le chemin de la carrière. Un homme d'élite est nécessairement l'antithèse du clone. Il est un homme à la personnalité qu'une vie pleinement vécue a trempée et rendue forte. On ne peut espérer de force d'âme et de sens du service d'hommes vivant dans le monde protégé du Corps. La seule force qui leur restait était celle du Corps. Elle ne venait pas d'eux. Elle ne pouvait plus venir d'eux.

Coulanges se rappela cette remarque d'Ursy qu'il n'avait pas relevée deux mois plus tôt, mais qui avait maintenant une résonance toute nouvelle dans sa mémoire. Ce jour-là, lors d'une assemblée réunissant de nombreux professionnels du même secteur d'activité, Coulanges avait affirmé avec conviction une position qui allait à l'encontre de celle exprimée par la grande majorité des présents. Assis à côté, Ursy s'était tourné vers lui avec stupéfaction et lui avait dit à voix basse :

– Vincent, tu ne peux pas avoir raison contre tout le monde. Je te demande de reprendre la parole pour modifier ton avis. Maintenant que tu t'es positionné aussi clairement, si je te contre publiquement, nous allons nous ridiculiser.

– Paul, non seulement les faits me donnent raison, mais ma position va aussi dans le sens de nos intérêts. Je ne vois donc pas pourquoi je devrais changer de position.

– Mais parce qu'on ne peut pas avoir raison contre la majorité ! répliqua Ursy avec appréhension. Puis, il ajouta sur le ton du reproche :

– La majorité a toujours raison. Tu as donc tort, je te le dis.

Cet argument n'avait pas ébranlé Coulanges qui avait maintenu sa position. Ursy ne put faire d'autres remarques à l'assemblée, mais, ce jour-là, la colère perla de son regard. Les mois suivants donnèrent raison à Coulanges, et Ursy en profita en voyant sa prime annuelle s'envoler.

L'originalité inquiétait Ursy. Il était terrorisé à l'idée de sortir des chemins parfaitement balisés, ceux auxquels il était si habitué. Il ne savait pas s'opposer à une opinion majoritaire parce qu'il n'avait pas d'idée. Alors, il suivait. Ursy ne croyait en rien de particulier. Il croyait en ce que le nombre croyait. Mais il y avait encore autre chose, plus fort, plus déterminant pour ses prises de position. On ne peut comprendre vraiment cette inquiétude qu'avec la perspective de l'obsession de la carrière et du goût des privilèges. Être dans la majorité est une assurance tous risques. On ne peut se voir reprocher d'être dans la majorité, mais le contraire, si. Alors, Ursy était devenu comme poreux à ce que pensait la majorité et s'en imprégnait. Il n'avait pas de pensée propre.

Par leur absence de personnalité, leur incapacité à l'originalité, et leur obsession de la carrière, ils avaient fait du mimétisme une méthode. Et l'on découvrait que cette élite était grégaire, soit l'exact contraire de ce que l'on attendait d'elle. Faire comme tout le monde, c'est commettre les mêmes fautes que tout le monde. Le mimétisme dissout la responsabilité personnelle. Au plus reste-t-il une vague responsabilité collective qui ne signifie rien et que l'on peut, si nécessité, reconnaître, car sans conséquence. En cas de défaillance collective, on incriminera le « *système* », la « *complexité* », ou encore « *des temps difficiles* ».

Le peuple était sans protection, livré aux loups, et il ne le savait pas.

Ces hommes se protégeaient entre eux, quitte à laisser la collectivité se perdre. Grâce au mimétisme, ils avaient inventé les postes à responsabilité sans responsabilités, mais riches de privilèges. Le tour de passe-passe était génial.

À y bien réfléchir, le mimétisme était aussi une forme d'immobilisme. Ne pas être immobile, c'est se démarquer des autres. Faire différemment des autres, c'est prendre un risque. Ce mot était inacceptable pour Ursy et ses pairs. Le mimétisme donnait l'illusion de faire quelque chose, tout en ne prenant aucun risque. En faisant comme tous, on ne fait plus rien.

Ces hommes étaient exsangues.

Il importait certainement peu à Ursy de ne pas correspondre aux critères d'une vraie élite. Il n'était pas un homme de principes, considérant que ceux-ci étaient réservés aux rigides d'esprit, aux « *psycho-rigides* » comme il disait avec mépris.

Lorsque l'élite succombe au mimétisme, elle est perdue. Nourrie aux privilèges, cette élite n'incarnait plus qu'une grandeur fantomatique. Elle ne servait plus l'État.


Sans profondeur personnelle, immature, Ursy agissait tel un robot. Toutefois, à l'observer, cela semblait parfaitement lui convenir.

# Chapitre 9
# L'extinction du courage

*« Le déclin du courage est particulièrement sensible dans la couche dirigeante et dans la couche intellectuelle dominante, d'où l'impression que le courage a déserté la société tout entière. Bien sûr, il y a encore beaucoup de courage individuel, mais ce ne sont pas ces gens-là qui donnent sa direction à la vie de la société. Les fonctionnaires politiques et intellectuels manifestent ce déclin, cette faiblesse, cette irrésolution dans leurs actes, leurs discours et plus encore, dans les considérations théoriques qu'ils fournissent complaisamment pour prouver que cette manière d'agir, qui fonde la politique d'un État sur la lâcheté et la servilité, est pragmatique, rationnelle et justifiée, à quelque hauteur intellectuelle et même morale qu'on se place. »*

Alexandre Soljénitsyne
« Le déclin du courage », discours
à l'université Harvard du 8 juin 1978

Depuis quelques semaines, le gouvernement s'était engagé dans une vaste opération pour expliquer la réforme des retraites qu'il souhaitait mettre en place. À grand renfort de communication, la population recevait chaque jour les arguments élaborés pour la convaincre de sa nécessité. Ce sujet cristallisait le pays, opposant d'un côté les défenseurs de la réforme et, de l'autre, la multitude de salariés qu'elle inquiétait. Et ce ne sont pas les études multiples, sur lesquelles de prétendus experts s'appuyaient pour justifier la réforme ou au contraire la condamner, qui permettaient d'y voir clair. Elles ne faisaient qu'accroître l'incompréhension qui, au fil des semaines, grandissait encore. Les prises de position se durcissaient et deux camps se constituaient. De chaque côté, les avis étaient si tranchés et si affirmés que la perspective d'un accord ne paraissait plus possible. Le conflit était devenu inéluctable. La question que posait en filigrane la réforme méritait pourtant mieux que cela. Elle interrogeait la population sur le choix important de société que ses dirigeants semblaient vouloir imposer, lesquels répétaient inlassablement sur les ondes le mantra qu'ils se transmettaient depuis Margaret Thatcher : « *There is no alternative* »[19]. En étaient-ils intimement convaincus ? Était-ce la solution de facilité permettant d'aseptiser le débat en assénant une formule péremptoire censée dire la seule vérité qui soit ? Ou, finalement, cette solution était-elle « sans alternative » parce qu'elle était la plus indolore pour eux-mêmes, et serait supportée par des millions d'autres ?

Loin de convaincre, la formule avait pour véritable effet de cristalliser les positions et de simplifier le débat à outrance, expurgeant le fond de la question. Peut-être était-ce l'objectif. Le pays était encore condamné au conflit.

Dans ce contexte, chacun prenait position. Enfin, presque... Certains ne se sentaient pas concernés.

Inscrits l'un et l'autre à un colloque de deux jours à Paris, Coulanges et Ursy se retrouvèrent à la gare et prirent ensemble le premier TGV

---

19. Discours de Margaret Thatcher (Conservative Women's Conference, 21 mai 1980).

de la journée. Ils s'installèrent côte à côte et en profitèrent pour évoquer différents sujets en attente de décision. Une fois qu'ils eurent terminé, l'homme au « costard » ouvrit le journal *L'Équipe*, et le parcourut en commentant un article consacré au dernier match de son équipe de football favorite. Le titre faisait état de sa victoire. Hypocrite, Coulanges en profita pour le féliciter.

– C'est gentil. Oui, nous avons été bons, lui répondit Ursy, visiblement touché par l'attention de son collaborateur.

– Cela ne te manque pas de ne plus assister aux matchs ?

– Si, beaucoup, c'est un de mes gros regrets. Ça me manque. J'ai prévu d'aller les voir jouer à Paris dans deux semaines.

– Je te souhaite de pouvoir t'y rendre. La situation sociale se tend. Il y a un risque de grèves. Les trains et le métro seront les premiers touchés, comme d'habitude.

– Oui, je croise les doigts. Ce sera un match important pour le championnat. Je le vivrais vraiment très mal si je ne pouvais pas être là pour les soutenir, dit Ursy avec anxiété et rancœur à l'adresse de ceux qui pourraient bloquer les transports en commun.

– Je pense qu'il va falloir t'y préparer. J'ai lu que le texte de la réforme va arriver à l'Assemblée dans quinze jours. La pression va monter d'ici là.

– Cette réforme, on ne parle que de ça ! dit Ursy, un brin énervé.

– C'est un peu normal, elle concerne tout le monde et ses conséquences ont un lourd impact pour les Français.

– Euh, non, pas pour moi.

– Comment ça ?

– Non, moi, je ne suis pas concerné, répondit Ursy, visiblement ravi de le dire.

– La réforme ne s'applique pas à toi ? répondit Coulanges stupéfait.

– Au Corps, nos années d'étude sont comptabilisées comme des années travaillées. Donc, on part plus tôt à la retraite et avec une meilleure retraite. Tu comprends que toute cette agitation me laisse plutôt froid.

Ursy lâcha cette phrase tranquillement et avec un sourire de satisfaction. La satisfaction de celui qui se félicite d'avoir fait le bon choix très tôt. La satisfaction de celui qui se dit : « Il y a les gagnants et les perdants. Moi, j'ai choisi d'être un gagnant ». Il n'y avait pas de morgue dans ce sourire. Juste le contentement puéril d'être un *gagnant*.

Que répondre à cela ? Coulanges resta muet, avec une envie de dégout. Elle n'était pas dirigée contre Ursy en particulier, mais contre un système si profondément injuste et absurde. L'élite, qui forçait pour réformer durement le régime de retraite, ne se sentait pas concernée par la réforme. Et pourtant, le gouvernement ressassait dans les médias la vertu éminemment égalitaire de cette réforme, soulignant les efforts historiques menés pour qu'elle le soit. Le maquis impénétrable des passe-droits, et autres exceptions empêchaient le citoyen ordinaire de le vérifier. Avec l'expression « *il n'y a pas d'alternative* », on lui ordonnait de faire confiance, comme on dit à un enfant « *Tu ne peux pas comprendre, fait comme je te dis* ».

Ce qu'avait dit Ursy n'était pas le fruit d'une gaffe ou d'une erreur. Il avait parlé sans calcul, comme quelqu'un qui avait fait de son privilège une normalité et un dû.

C'est ainsi que l'on découvrait que certains n'étaient pas tenus d'être égaux aux autres.

Le peuple français était parvenu à accrocher de haute lutte les trois termes Liberté, Égalité, Fraternité sur le fronton de tous les bâtiments publics, ainsi que sur le drapeau national. Mais, depuis, une certaine élite avait considéré que des trois, elle ne gardait discrètement pour elle-même que le premier. Elle laissait aux citoyens ordinaires l'usage et le respect des deux autres, tout en leur assurant de veiller à garantir entre eux cette égalité à laquelle ils semblaient si fortement tenir. Cette élite avait fini par trouver là un puissant levier pour la conservation de ses privilèges. En se faisant le rempart contre les inégalités, elle renvoyait les regards ailleurs que sur elle et, s'il advenait que cela ne suffise pas à détourner certains regards trop insistants, alors elle se victimisait. Elle montrait alors tout le cynisme dont elle était capable. Un cynisme cru qui s'était construit sur l'absence de scrupules.

Cette élite avait fait de la Liberté la liberté de ne pas être l'égal des gens ordinaires. Qu'est-ce qui pouvait justifier que des individus se détachent ainsi en toute légalité des valeurs de la République, et cela grâce à une légalité qu'ils avaient construite pour eux-mêmes ? La réponse tenait en quelques mots : leur vanité et les privilèges qu'ils estimaient leur être dus.

Ils laissaient la Fraternité à ceux qui étaient en dehors du Corps. Celui-ci leur offrait une puissance autrement plus grande et concrète. Ils ne comprenaient pas celle du peuple dont ils ne cernaient ni les motivations ni l'ambition. Ils ne se sentaient pas à l'aise avec la forme que pouvait prendre cette fraternité populaire aux allures qu'ils jugeaient vulgaires. Ils n'en avaient pas non plus besoin. Quel élan de fraternité peut-on avoir avec des gens dont on se sait très largement supérieur ? Quel élan de fraternité peut-on avoir avec des gens qui n'ont pas la capacité à être utiles ? Aucun.

Après l'échange avec Coulanges, Ursy s'était replongé dans son journal, le parcourant page après page, s'informant des actualités sportives. Ursy avait la vanité apparemment simple. Il n'y avait pas chez lui cette arrogance caricaturale de certains membres de l'élite, comme il avait pu la rencontrer chez le préfet. Par contre, son



Chapitre 9 L'extinction du courage

égocentrisme était évident, incapable de la moindre curiosité pour autrui s'il n'y trouvait pas un intérêt pour sa carrière.

Le temps restant du trajet, d'humeur maussade, Coulanges laissa son regard glisser sur le paysage qui défilait. Sa colère, silencieuse, ne faiblissait pas. L'estomac noué par la tragédie nationale qu'il pressentait, il laissait ses pensées se bousculer dans son esprit. Ce dont il était régulièrement témoin depuis quelque temps heurtait violemment ses propres convictions. On ne dirigeait pas sans être exemplaire. Cette élite ne pouvait pas, grâce au pouvoir dont elle jouissait, s'exempter de supporter les réformes qu'elle exigeait de la population. Il était impensable qu'elle fasse peser sur les citoyens le coût même de sa vanité, tout en leur faisant croire, dans un cynisme parfait, qu'elle agissait pour leur bien. Cette caste vivait en apesanteur, en dehors de toute réalité. Elle s'était édifié un palais doré, à l'écart des rugosités de la vie. Une société reste saine parce que ceux qui la dirigent sont exemplaires. Aucune autre voie n'est possible.

Le train filait à travers la campagne et passa devant une ferme. Un tracteur labourait un champ, suivi par des oiseaux se précipitant dans les sillons qu'il traçait. L'image était belle, éclairée par la lumière du matin. Coulanges regardait l'agriculteur à la tâche. « Tous ces hommes ont fait le pays grâce à des valeurs solides. Qu'en reste-t-il ? Ce pays tient seulement parce que ces gens ne savent pas, ou pas suffisamment. Combien de temps encore ? Ou peut-être ne veulent-ils plus savoir », se disait Coulanges. La société allait se cogner contre le réel, menée par une élite qui n'en avait cure, convaincue d'en être protégée.

Le train arriva à la gare. Les deux hommes filèrent sur les lieux du colloque, à quelques stations de métro. Là, Ursy retrouva plusieurs de ses pairs. Aimanté par eux, sans un mot, il quitta la compagnie de Coulanges pour les rejoindre. Ils restèrent entre eux, au fond de la salle, durant les allocutions qui allaient suivre. Certainement avaient-ils besoin de parler postes, carrières, promotion d'untel, soutien de tel ou tel politique, etc., autant de sujets autrement plus intéressants que ceux abordés par les intervenants.

Ils restèrent ensemble aussi pendant le buffet, rassemblés en un groupe fermé, riant et s'exprimant avec une grande assurance. C'est à l'issue de la dernière intervention en fin d'après-midi qu'Ursy vint retrouver Coulanges à sa place.

– J'avais beaucoup de sujets à voir avec Charles. Je n'ai pas trop suivi ce qui s'est dit dans la journée. C'était intéressant ? lui demanda Ursy.

– Oui, c'était de bon niveau.

– J'espère que tu as pris des notes !

Coulanges lui montra les quelques feuillets qu'il avait remplis.

– Parfait, dit Ursy, satisfait.

Puis, il se redressa, balaya la salle du regard, peut-être en quête d'un interlocuteur et, n'en trouvant pas, dit :

– J'ai besoin de me détendre. Je vais me faire un club échangiste.

Il avait parlé pour lui-même, mais avec une voix suffisamment forte pour que Coulanges l'entende. Quelques secondes passèrent. Ursy tourna les talons et quitta la salle, laissant Coulanges sans voix.

Il était inutile de se demander si ce colloque avait un intérêt à ses yeux. Il n'était venu que pour ce qu'il trouverait en périphérie du colloque. Non pas pour ce qui faisait la richesse de ces rencontres professionnelles de haut niveau, mais pour retrouver ses pairs et profiter de plaisirs dans l'anonymat de la capitale.

Ces hommes existaient seulement en vase clos. Estimant qu'ils étaient suffisants à eux-mêmes, ils n'avaient donc pas besoin d'apprendre des autres, de leurs connaissances ou de connaître leur regard sur le monde. Puisqu'ils étaient l'élite, puisqu'ils étaient l'excellence même, pourquoi perdre du temps à écouter ce que d'autres pouvaient dire sur un sujet ? Dans cette logique imparable, évidemment, rien ne le justifiait. Ils agissaient ainsi pour toute personne étrangère au Corps, quelle que soit sa qualité, la grandeur de ses idées, la force de ses convictions, ses réussites déjà reconnues, etc. Il leur arrivait cependant de faire une exception pour un homme ou une femme qui, selon leurs critères, aurait pu mériter d'appartenir au Corps, et qui avait surtout l'avantage, par sa position ou son réseau professionnel, de pouvoir les aider.

Le lendemain, lors de la seconde journée du colloque, Coulanges entendit Ursy qualifier les propos d'un éminent économiste, reconnu internationalement pour ces travaux majeurs, par ces quelques mots méprisants et sans appel : « *Ce n'est que de l'amusement. Aucun intérêt* ». L'intervention d'un autre, ayant reçu quelques mois plus tôt un prix d'économie, véritable marchepied pour le Nobel, avait été commentée après une écoute distraite par cette remarque : « *C'est pas clair. On n'y comprend rien. Il est nul* ». Il est vrai aussi que l'on n'assiste pas à la conférence d'un prénobélisable comme on lit Astérix et Obélix.

Cette élite n'avait aucun doute. Elle était pleinement légitime pour juger avec autorité qui que ce soit. Lorsque Coulanges entendit Ursy s'exprimer aussi péremptoirement, il comprit ce jour-là à quel point, autant chez lui que chez ses pairs, l'humilité n'avait aucune chance d'avoir la moindre place. Quand on est préservé de tout ce qui est de nature à accabler le citoyen ordinaire, quand on jouit de l'impunité et de privilèges, quand on sait, depuis ses études, avoir la vérité en toutes circonstances et être l'élite, enfin, quand on se pense sincèrement supérieur à tout étranger au Corps, quel sens aurait l'humilité ? Dès lors, ils s'en étaient débarrassés. Ils ne la considéraient pas comme une vertu. Mais, il y avait plus grave que cette arrogante façon d'être. Lorsqu'une élite n'écoute pas les signes du temps, lorsqu'elle ne s'en nourrit pas, elle s'avérera incapable de trouver la voie juste, et précipitera ceux qu'elle est censée guider dans les affres de l'instabilité et de la peur.

La capacité à écouter et à s'intéresser à autrui n'existait pas chez ces hommes.

La situation sociale se dégradait de jour en jour. De chaque côté, les deux camps avaient commencé à s'invectiver, essayant de prendre à partie une population médusée ou mobilisée par la tournure que prenaient les événements. De façon prévisible, ce contexte tendu commença à déteindre dans l'établissement, d'autant plus qu'Ursy avait été désigné pour négocier au niveau national les déclinaisons de la réforme pour le secteur portuaire. Il avertit de cette désignation le cadre en charge de la sûreté, Pascal Noiron, et lui demanda d'écouter en toute discrétion ce qui se disait parmi le personnel. Il comptait sur lui pour prévenir un éventuel durcissement de l'attitude de ses salariés.

Sans diplôme, Noiron était parvenu, par le travail, la loyauté et une intuition très juste, à régulièrement s'élever dans la hiérarchie, jusqu'à occuper un poste de confiance auprès d'Ursy. Ambitieux, il avait su se rendre indispensable, toujours disponible pour répondre à une sollicitation, quelle que soit l'heure du jour ou de la nuit. Ursy appréciait sa discrétion et sa loyauté, presque militaire. À l'aise dans l'ombre, là où les limites devenaient floues, Noiron fuyait la lumière. Lorsqu'il avait rencontré Ursy peu après sa nomination, il avait saisi qu'il pourrait tirer parti de ce nouveau directeur, dont l'intérêt était centré sur sa seule personne. Mais il perçut aussi encore autre chose chez Ursy, moins visible, et que peu parvenaient à voir. Il sut que derrière l'apparence joviale, enthousiaste et amicale, se cachait un homme autant dénué de scrupule qu'il était peureux. Il sut que le vrai Ursy était en réalité aussi froid et dangereux qu'il paraissait sympathique.

Caché derrière un visage aux traits slaves et peu expressifs, Noiron cultivait le secret. On savait peu de choses sur sa vie personnelle et ses précédentes expériences professionnelles. Cependant, une rumeur circulait selon laquelle il avait fait partie du SPHP[20]. Il avait dû y développer son intuition et sa discrétion.

Partagé entre ce que lui murmuraient son ambition et la méfiance qu'il avait pour Ursy, Noiron finit par céder aux sirènes de la première. Pour plaire à son patron, il décida de le flatter avec subtilité. La crise sociale qui grondait serait une aubaine. Un soir, il vint frapper à la porte de son bureau.

– Oui, entrez Pascal ! dit Ursy dont la voix trahissait l'anxiété. Noiron venait rarement le voir pour lui annoncer de bonnes nouvelles.

– Monsieur, ça se tend parmi le personnel.

– Je m'en doutais. Que disent-ils ?

– Un mouvement de grève dure se prépare.

– Quelque chose d'autre ?

– Ils vous en veulent personnellement et veulent faire pression sur vous pour les négociations nationales, dit faussement Noiron.

Puis il ajouta, pour donner du crédit à ce qu'il venait de dire :

– Les renseignements[21] me disent la même chose.

Ursy blêmit.

Noiron laissa passer un moment, puis reprit :

– Il faut qu'on se prépare. Vous êtes le premier personnage de l'État dans le département. Vous êtes une cible.

---

20. Service de Protection des Hautes Personnalités.
21. Les Renseignements Généraux, ancêtre de l'actuelle DCRI.

L'argument ferait mouche. Noiron le savait. Ursy se vantait d'être le personnage le plus important du département avec le préfet, parce qu'il avait été nommé par décret présidentiel. En privé, le préfet l'avait sèchement recadré. Il n'avait pas goûté cette fanfaronnade publique, fausse qui plus est.

Ursy apprécia cette marque de reconnaissance de Noiron.

– Que proposez-vous ? dit Ursy, adoptant une attitude intériorisée, et faussement sereine.

– Il faut vous protéger.

– Comment ?

– J'ai pris quelques contacts et j'ai des idées.

– Dites-moi.

– Un, il ne faut plus vous déplacer sans protection. Deux, il faut anticiper s'ils décident de vous séquestrer.

– Ça me va. Vous avez carte blanche.

Un frisson d'excitation traversa Ursy. Il renvoya mentalement le préfet au diable. L'homme le plus important, c'était bien lui.

– Je reviens vers vous demain soir pour vous présenter mes idées.

– Entendu. À demain.

Noiron quitta le bureau d'Ursy, satisfait de la tournure de la discussion, un léger sourire aux lèvres.

Le lendemain, en fin d'après-midi, il se présenta de nouveau à la porte du bureau d'Ursy.

– Bonsoir, monsieur. Je reviens comme convenu. Si vous avez quelques minutes.

– Entrez, Pascal.

– Je vous propose de me suivre. J'ai quelque chose à vous montrer en bas, devant le bâtiment.

Intrigué, Ursy se leva et suivit Noiron. Ils passèrent la porte d'entrée du hall d'accueil. Une grosse limousine noire était garée là. Un



Chapitre 9 L'extinction du courage

homme habillé d'un costume sombre en descendit, et salua Ursy avec obséquiosité.

Celui-ci se tourna vers Noiron qui jusque-là était resté silencieux.

– Désormais, vous ne vous déplacerez qu'avec ce véhicule. C'est plus sûr. Kevin vous conduira et sera à votre disposition, vingt-quatre heures sur vingt-quatre.

Ursy marqua sa surprise.

– Elle a quoi de particulier cette voiture ?

– Elle est blindée. Vitres blindées, tôles renforcées, pneus épais. Vous ne risquerez rien. Et quand ce sera nécessaire, je commanderai un motard à notre société de sécurité pour ouvrir la marche, et un autre derrière pour la fermer.

– Vous avez tout prévu.

– C'est mon métier, monsieur.

– Impecc !

– Si vous n'avez plus de questions, j'aimerais vous parler d'autre chose.

– Je vous écoute.

Noiron se tourna vers sa gauche. Sortit alors de l'ombre un homme qui vint les rejoindre.

– Pouvons-nous remonter dans votre bureau ? demanda Noiron.

Ursy acquiesça. Ils montèrent l'escalier en silence. Une fois dans son bureau, Noiron reprit la parole :

– Richard va vous installer une issue de secours secrète.

– Voilà monsieur, je m'appelle Richard. Je suis entrepreneur en bâtiment. Pascal m'a demandé de concevoir une issue de secours confidentielle à partir de votre bureau. Nous avons étudié les plans du bâtiment la nuit dernière. Après avoir inspecté les murs et le plancher, je pense que le meilleur endroit est ici, dit-il en se déplaçant dans le bureau.

– Pour ne pas éveiller la curiosité, Richard travaillera le week-end seulement. J'ai tout prévu pour les autorisations d'accès. Pour les factures, je les ferai passer dans des prestations de la société de sécurité. Vous serez couvert.

Ursy marqua un temps d'arrêt, puis dit :

– Bravo, Pascal, c'est du bon travail. Je valide tout. Les travaux commencent quand ?

– Dès le week-end prochain, si ça vous va.

– Impecc ! C'est du très bon travail ! dit Ursy, visiblement excité.

Les deux hommes repartirent et laissèrent Ursy dans son bureau.

Il s'assit dans un de ses deux imposants fauteuils club et poussa un long soupir de soulagement. Il était impressionné par l'efficacité et la loyauté de Noiron. Il appréciait son tact, son profond respect, et la façon discrète qu'il avait de le protéger. Il aimait être entouré de personnes qui prenaient soin de lui.

Ursy jubilait. Sa vanité était largement servie.

C'est ainsi que durant les quelques semaines qui suivirent, on put voir Ursy se déplacer en limousine blindée et aux vitres teintées, parfois encadrée par deux motards privés.

La menace n'existait pas et n'avait jamais existé. Elle était une pure invention de Noiron. Un directeur si narcissique était pour lui une aubaine. Il avait trouvé son point faible, et il était de taille. Derrière son visage inexpressif, Noiron se réjouissait. Il n'en revenait pas qu'un homme, a priori d'un tel niveau, morde aussi facilement à l'hameçon. Non seulement il avait mordu, mais il serrait l'hameçon de toutes ses forces. Le manque de courage et la vanité d'Ursy faisaient un cocktail des plus prometteurs. Ursy n'ignorait pas que Noiron contournait les procédures de commandes publiques puisqu'il l'avait tacitement autorisé à le faire, mais sa vanité, servie par tant de tact, lui dictait de ne pas plus y regarder.

Un motard ouvrait la voie devant la limousine, un autre la fermait. Ursy dégustait ces moments pendant lesquels il circulait en ville comme un président de la République. Il regardait les gens marcher sur le trottoir, l'air absent, chacun concentré sur son occupation personnelle. Ursy les trouvait tristement identiques, certain qu'ils menaient des vies étriquées. Il avait une certitude : il n'était pas fait comme eux.

Derrière les vitres teintées de la limousine, Ursy laissait librement aller ses réflexions. Dans son esprit, l'élite devait gagner en liberté et non pas être « égalisée » à tous. La loi était la première des contraintes. Il considérait que des hommes comme lui devaient être affranchis d'en respecter certaines, quand ils y étaient contraints. Privilège exorbitant évidemment, mais qu'il lui arrivait de considérer comme légitime, eu égard à ce qu'il estimait être sa valeur.

Cette élite rêvait de légaliser l'inexemplarité. Bien sûr, cette question était totalement inabordable dans le débat public. Elle n'y était donc pas encore parvenue, bien que, dans les faits, la chose soit presque acquise. Par le jeu des amitiés de promotion, des nomina-tions tactiques, de la fraternité corporatiste, de la solidarité entre hauts fonctionnaires et des « renvois d'ascenseur », la ligne rouge du respect de la loi n'avait pas la même réalité pour les hommes de cette élite que pour le citoyen ordinaire. Lorsque le Corps se trouvait juge et partie, il devenait aisé de déplacer la ligne rouge, voire de la supprimer temporairement, dans la plus complète discrétion. Le débat public était donc inutile et le peuple ne se rendait compte de rien.

Quelques jours plus tard, Maxime Kerdot, le responsable local du syndicat, se présenta au bureau d'Ursy dès huit heures du matin et demanda à le voir. Celui-ci l'accueillit avec un enthousiasme bruyant, comme il savait si bien le faire quand il avait besoin de son interlocuteur ou qu'il le craignait. Ursy proposa un café à Kerdot et, avant que celui-ci n'ait eu le temps de répondre, partit en faire couler un à la machine. À part sur un plateau, il ajouta du sucre, une cuillère et un petit pot de lait, puis revint avec l'ensemble. Kerdot, le visage fermé, le regarda fixement et repoussa tout.

– Je ne suis pas venu ici pour prendre le café avec vous.

– Allez… c'est plus agréable pour discuter, répondit Ursy en riant.

– Je vous le laisse, votre café. Je ne suis pas venu pour discuter, et encore moins si ça vous fait rire.

– Excusez-moi. Vous vouliez me dire quoi ?

– Ça tient en quelques mots : vous ne touchez pas à nos avantages avec la réforme. Point barre.

– Allez, Max… On peut en discuter…

– Premièrement, vous m'appelez « monsieur Kerdot ». Moi, je vous respecte, alors vous me respectez.

La désinvolture d'Ursy ne passait pas. Kerdot était trop malin pour se laisser prendre à ce genre de manœuvre condescendante. Les pratiques habituelles d'Ursy n'avaient pas de prise sur cet homme expérimenté. L'entretien dérapait, comme le voulait probablement Kerdot dans ce contexte social tendu.

– Désolé, fit Ursy, feignant l'humilité pour que baisse la pression.

– Deuxièmement, vous venez de me faire comprendre que vous allez toucher à nos avantages, continua Kerdot avec le même ton.

– Pas du tout…

– Si ! Vous vous foutez du monde !

Alors Kerdot regarda Ursy, le fixa quelques secondes dans les yeux et ajouta calmement avec un léger rictus sur les lèvres :

– Je vais consulter les camarades et voir avec eux ce que nous allons faire.

Puis, il tourna les talons et sortit du bureau d'un pas déterminé.

Il laissa derrière lui un Ursy stupéfait par la tournure de cet échange. Alors qu'il menait habituellement les discussions à sa guise, imposait un rapport de force ou, au contraire, plongeait son interlocuteur dans la confiance en jouant la sympathie, il avait totalement subi l'entretien. Il n'avait jamais été confronté à ce genre de situation. Tout le monde s'était toujours adressé à lui avec déférence et respect. Le baptême social d'Ursy venait de commencer.

Il réfléchit quelques minutes. La nervosité montait. Même s'il ne risquait rien, ce n'était pas bon. La sueur commença à couler dans son dos. Il décrocha son téléphone et appela Noiron.

– Bonjour, Pascal, dit-il de façon précipitée et la gorge nouée.

– Bonjour, monsieur.

– Euh… voilà, Kerdot vient de sortir de mon bureau visiblement en colère.

– Je l'ai vu sortir du bâtiment. Je vous le confirme. Que s'est-il passé ?

– À vrai dire, je ne comprends pas. Je crois que c'est un malentendu. Il s'est mis en colère et, avant de partir, il m'a dit qu'il allait retrouver ses camarades et les consulter. Je ne sais pas sur quoi. Pourriez-vous me tenir informé si vous entendez quelque chose ?

– Hum… ça sent pas bon, fit Noiron. Je vous tiens au courant. Je vais diriger les caméras de surveillance sur le bureau syndical.

Une heure plus tard, le téléphone d'Ursy sonna. « Noiron » s'affichait sur l'écran. Ursy décrocha, fébrile.

– Monsieur, ils viennent de sortir du bureau syndical. Je les vois sur l'écran. Ils sont une dizaine. Ils semblent se diriger vers le bâtiment de la direction.

Ursy sentit un souffle glacé lui parcourir le dos.

– Je fais quoi ? dit-il à Noiron en ayant du mal à masquer un début d'angoisse.

– Monsieur, je pense qu'il va falloir utiliser votre issue de secours, dit Noiron avec maîtrise.

– Vous pensez ? répondit Ursy qui sentait la pression peser lourdement.

– Vous n'avez pas le choix. À mon avis, ils ne viennent pas pour enfiler des perles.

– Ils veulent faire quoi ?

– Je ne sais pas, mais mon métier c'est de vous mettre en sécurité.

Noiron aimait prendre l'ascendant psychologique sur autrui. Cette situation était parfaite. Il n'aurait pas tous les jours l'occasion de se rendre autant indispensable à Ursy. Il monta quatre à quatre l'escalier qui le séparait du premier étage, et entra dans le bureau d'Ursy. Celui-ci était tétanisé.

– Monsieur, suivez-moi !

Noiron se précipita dans le bureau d'Ursy et déplaça un tapis. Il souleva la trappe qui se trouvait dessous, et déroula l'échelle de corde accrochée dans l'épaisseur du plancher. Il se tourna vers Ursy.

– Venez avec moi !

Ils descendirent l'un après l'autre dans l'obscurité, après avoir refermé la trappe derrière eux. Mais, l'échelle étant trop courte, ils dégringolèrent avec fracas à l'intérieur de la grande armoire en bois du bureau d'un jeune ingénieur. Noiron ouvrit la porte de l'armoire, en descendit, se précipita vers la fenêtre la plus proche, et l'ouvrit. Ursy le suivit, sous les yeux écarquillés de l'occupant du bureau et sans avoir le temps de lui expliquer. Ils escaladèrent la fenêtre qui se trouvait à l'arrière du bâtiment, à l'abri des regards, et coururent ensemble jusqu'à la voiture de service de Noiron qu'il avait intentionnellement laissée là. Il demanda à Ursy de se coucher à l'arrière, démarra et se dirigea vers des locaux désaffectés situés à plusieurs centaines de mètres du bâtiment de la direction. Une fois arrivés,



Chapitre 9 L'extinction du courage

Noiron installa Ursy dans une pièce qu'il avait aménagée en vue d'une telle situation.

Le jeune ingénieur qui avait été témoin de l'exfiltration d'Ursy vint aussitôt voir Coulanges. Il lui raconta avoir entendu un grand bruit dans l'armoire de son bureau, et comment il avait vu le directeur sortir paniqué de l'armoire puis sauter par la fenêtre pour s'enfuir. Coulanges l'écouta stupéfait. Il voulut se rendre compte de lui-même et se rendit dans le bureau de son jeune collaborateur. Là, il put constater effectivement qu'un passage, inconnu de tous, avait été réalisé entre le bureau d'Ursy et le rez-de-chaussée. Il n'en crut pas ses yeux, mais dut se rendre à l'évidence. Ursy avait fui, et de façon peu glorieuse.

Coulanges décida de l'appeler. Ursy décrocha et, avec une voix marquée par le stress, lui raconta son aventure depuis le début de la matinée, et lui confirma être retranché à l'abri, après la menace d'une séquestration. Il était si stressé qu'il préféra ne pas dire où il se trouvait. Coulanges voulut en avoir le cœur net et se rendit à l'entrée du bâtiment. Là, il trouva en effet Kerdot et quelques ouvriers. Ils paraissaient remontés, mais en aucun cas ne manifestaient le désir de séquestrer leur directeur. Même si les relations sociales pouvaient être parfois tendues, ce genre de pratique n'avait jamais eu lieu. Coulanges leur expliqua qu'Ursy s'était absenté, sans connaître son heure de retour.

N'étant pas dupes, ils répondirent d'une seule voix qu'ils l'attendraient et resteraient devant le bâtiment le temps nécessaire à son retour.

Coulanges rapporta ce court échange à Ursy, lequel lui répondit qu'il préférait rester là où il était pour le moment. Le DRH essaya aussi de le décider à revenir à son bureau, sans succès. Cette situation ubuesque se poursuivit plusieurs heures avec d'un côté, Ursy réfugié quelque part sur le port et, de l'autre, une dizaine d'ouvriers qui l'attendaient devant le bâtiment de la direction.

Durant la journée, Coulanges appela plusieurs fois Ursy pour le convaincre de rentrer, mais celui-ci considérait que la situation n'était pas encore « *suffisamment mûre* ». Coulanges comprit à cette expression que son directeur avait commencé un peu à reprendre le dessus sur lui-même. Il retrouvait ce langage distant et arrogant qui mimait la maîtrise de la réalité. Les fonctions vitales de l'élite lui revenaient peu à peu. Mais au fond de lui, la peur l'empoignait encore avec vigueur, n'ayant aucune idée de ce qu'il devait faire.

Cette élite avait inventé un langage, ou une nouvelle langue[22], pour créer l'illusion qu'elle tenait en main toute situation. Elle avait expurgé de sa façon de parler tout terme subjectif ou émotionnel. Cette langue parvenait à induire la sensation que celui qui s'exprimait ainsi était fait d'acier. Ces hommes avaient poussé le raffinement de l'illusion jusqu'au langage, en singeant les traits de ceux qu'ils auraient dû être.

Noiron faisait partie des rares, avec Coulanges et le DRH, qui avaient une conscience claire du jeu de ces hommes. Les événements de cette mémorable journée lui apportaient la confirmation de ce qu'il savait. Autant il éprouvait une certaine jouissance d'avoir pris l'ascendant sur Ursy, autant il éprouvait du mépris à son égard en constatant la facilité avec laquelle il y était parvenu. Il savait maintenant que cet homme était creux. Sans grandeur, sans courage, sans dignité. Il savait aussi qu'un tel homme, avec le pouvoir entre les mains, pouvait être dangereux.

Il se rendit dans le bureau de Coulanges pour faire un point de la situation et lui exprimer ce qu'il ressentait. Il lui exposa le déroulé des

---

22. Encore appelée « novlangue ».

événements. Ils étaient consternants. Ursy s'était cloîtré à l'autre bout du port et ne bougeait plus. Noiron racontait un homme terrorisé, réfugié dans un honneur factice, et se donnant encore des airs de maîtriser la situation. Il eut alors cette parole :

– On va faire quoi avec un directeur comme ça qui n'a qu'un pistolet à eau pour se battre et détale à la première occasion ?

– Je ne sais pas, Pascal, répondit Coulanges. Je ne sais pas. La seule chose que je sais, c'est que ce n'est pas bon du tout.

Coulanges appela Ursy sur son portable. Cette farce n'avait que trop duré. Il fallait que cesse cette situation croquignolesque et surtout qu'elle reste confidentielle.

Il réussit à convaincre Ursy de sortir de son refuge. Les heures passaient, celui-ci n'avait plus le choix. Noiron alla le chercher.

Après quelques minutes, Coulanges put voir par la fenêtre Ursy se diriger vers le bâtiment de la direction, la tête haute et la démarche de l'homme sûr de lui. Même dans ces conditions, il était tout entier mensonge. Coulanges craignit un instant qu'il fasse l'erreur de remonter dans son bureau par la voie dont il s'en était extrait le matin. Ça aurait été catastrophique... Mais il eut enfin le courage de se présenter à l'entrée principale. Il s'était résigné à subir les inévitables quolibets et insultes des quelques ouvriers qui l'attendaient là. Ils ne connaissaient pas les détails de ce qui avait réellement eu lieu, mais ils s'en doutaient. Ursy eut beau expliquer qu'il avait passé la journée dans une réunion interminable à la préfecture, personne ne le crut. Après l'avoir copieusement insulté, ils le laissèrent remonter dans son bureau et quittèrent les lieux.

Seule la confrontation avec la réalité permet de prendre la mesure de ce que l'on peut réellement trouver à l'intérieur d'un homme. Ursy avait révélé ce qu'il était vraiment : un homme couard, qui se protégeait derrière les mots et les mensonges.

Les hommes de cette élite se maintenaient au pouvoir parce qu'ils se tenaient loin de la réalité. Elle était un tel révélateur qu'ils ne se risquaient pas à l'empoigner. On ne pouvait se faire une idée correcte de ces hommes que si on les observait sous l'angle de leur égocentrisme. Il ne leur importait pas de connaître la réalité pour agir de façon juste. Non, il leur importait d'en être préservés par l'impunité dont ils jouissaient, et de ne jamais rien risquer. Alors, ils décrivaient, élaboraient à distance ce qu'elle était, et surtout ce qu'elle devait être du haut de leur position. Restait à l'homme ordinaire de s'y conformer et de la vivre selon leurs directives. À lui de vivre la dureté du réel. À eux de profiter des privilèges dans le merveilleux monde du Corps.

Quelle est l'armée qui, ayant le désir de la victoire, laisse ses troupes en prise avec l'ennemi pendant que les officiers ripaillent à l'arrière ? Aucune victoire n'est possible sans le courage et l'audace de ses chefs. Mais aucune rédaction de norme ou de procédure ne saura jamais produire l'audace. Elle se cultive seulement au contact de la difficulté, du risque, ou de l'échec. Elle grandit dans la vraie vie. À quoi les hommes de cette élite se confrontent-ils au cours de leur vie ? Au pire, à la perspective de ne pas obtenir le poste qu'ils briguaient. Tels étaient les officiers généraux que produisait désormais l'État.

Ursy réfléchit toute la nuit. Qu'allait-il faire suite à cette journée ? À aucun moment, l'idée de faire amende honorable ne lui vint à l'esprit. Un homme comme lui ne faisait pas d'erreur. Il en déduisit donc que le problème était Kerdot.

En arrivant à son bureau le lendemain matin, il appela Noiron au téléphone, et lui demanda de monter.

Celui-ci grimpa l'escalier et frappa à la porte d'Ursy qui l'invita à entrer.

– Bonjour, Pascal. Euh... pouvez-vous refermer la porte derrière vous ?

– Bonjour, monsieur, bien sûr.

– Voilà, j'ai beaucoup réfléchi cette nuit, dit Ursy avec un ton déterminé.

Noiron écoutait, incapable de prédire ce qu'allait lui dire son directeur, et très curieux de voir comment Ursy allait se rétablir suite à cette journée.

– La situation d'hier est inadmissible. Kerdot m'a manqué de respect, et vous avez dû me protéger, ce dont je vous remercie.

– Je n'ai fait que mon travail, monsieur. Euh... concernant Kerdot, vous le savez, il est toujours un peu rude dans sa façon d'être, et puis le syndicat est sous pression avec le contexte social actuel.

– Peu importe le contexte social. Ce Kerdot est un problème, et il restera un problème.

– Qu'entendez-vous par là ?

– On va faire en sorte qu'il cesse de l'être, dit Ursy avec un ton martial.

Noiron ne comprenait pas ce que son patron laissait entendre.

– Vous allez faire suivre Kerdot. Il faut connaître ses habitudes. Bars, restaurants, lieux où il a l'habitude d'aller. Une fois que l'on saura tout cela, vous trouverez une prostituée, puis vous vous arrangerez pour qu'elle croise Kerdot et ... Bon, on enverra un huissier pour constater le flagrant délit d'adultère. Vous me comprenez ? Après, il sera tout doux, vous verrez.

– Monsieur, si je peux me permettre, il vient d'avoir son troisième enfant.

– Eh bien, raison de plus ! Jamais de demi-mesure ! Il faut frapper fort !

– Et pour payer tout ça ?

– Vous faites comme d'habitude.

– Vous pouvez m'écrire un mot ?

– Vous avez ma parole. Elle suffit.

Quelqu'un frappa à la porte.

– Entrez ! cria Ursy.

Puis, se tournant vers Noiron :

– Je crois que nous avons terminé. Tenez-moi au courant de l'avancement. Ah, j'oubliais, il est évident que vous ne parlez à personne de ce que je viens de vous dire.

L'homme qui avait rendez-vous avec Ursy entra dans le bureau. Celui-ci l'accueillit avec un sonore « Comment vas-tu ? », plein d'un enthousiasme feint.

Noiron s'éclipsa, sonné par la demande de son directeur. Il se rendit dans le bureau de Coulanges pour lui en faire part. Il entra et referma la porte derrière lui. Puis il raconta la conversation qu'il venait d'avoir avec Ursy. Quand il eut terminé, Coulanges le regarda, incapable de trouver les mots. Il ne voulait pas y croire.

– Pascal, Ursy a tenu exactement ces propos ?

– Oui, exactement. Je n'ai rien ajouté ni retiré.

Noiron n'était pas homme à travestir la vérité. Coulanges avait, plusieurs fois déjà, eu l'occasion d'en faire l'expérience. Pour la première fois depuis des années, il vit à son attitude et à sa voix hésitante que Noiron était inquiet, bien loin de l'assurance qu'il affichait couramment. Sa parole n'était pas à mettre en doute.

Coulanges reprit :

– C'est très grave.

– Oui, Vincent. C'est pour cela que je suis venu vous voir. Je n'en parle qu'à vous et au DRH.

– C'est de la folie ce qu'il vous demande. C'est abject.

– Oui, c'est de la folie. Je ne sais pas quoi faire.

Coulanges comprit le dilemme auquel faisait face Noiron.

D'un côté, si ce plan venait à être connu, Ursy, qui savait que Kerdot exécrait Noiron, lâcherait Noiron. Il en profiterait alors pour prendre le parti de Kerdot, s'offusquant violemment de telles pratiques. L'occasion serait parfaite pour s'acheter au passage une virginité auprès de Kerdot. Il laisserait Noiron dans une situation intenable, incapable de prouver quoi que ce soit. Dans la foulée, avec fracas, il licencierait Noiron pour faute grave, et en profiterait pour s'attirer la sympathie de ses salariés, en se donnant l'image du directeur intransigeant sur les questions d'éthique. De l'autre, si Noiron n'exécutait pas la demande d'Ursy, celui-ci lui retirerait sa confiance et trouverait un prétexte pour lui montrer rapidement la sortie.

Coulanges pensa un instant qu'il lui faudrait parler à Ursy pour le faire changer d'avis. Mais l'idée était mauvaise, elle mettrait Noiron en porte-à-faux. Ursy avait conduit Noiron dans une impasse ou, pour reprendre cette image qu'il aimait et répétait si souvent, il l'avait « *mis dans une seringue* ». Et il appuyait. Non seulement son stratagème pour faire chanter Kerdot était ignoble, mais il forçait Noiron à accomplir un acte délictueux. Le tout, sans aucune trace d'implication d'Ursy. Pour la première fois, Coulanges comprit qu'Ursy jouait aux échecs avec ses collaborateurs. Avec cette manière sordide de prévoir plusieurs coups en plaçant l'autre sur un échiquier dont il manquait des pièces, il s'assurait une victoire facile et faisait porter à son collaborateur sa propre responsabilité.

Ursy se garantissait de la sorte le silence et l'obéissance de Noiron.

Coulanges ne sut répondre autre chose que ces quelques mots, tout en ressentant de la honte à ne pouvoir lui apporter un réconfort :

– Faites très attention, Pascal. Ne vous mettez pas en risque. De mon côté, je vais voir si je peux faire quelque chose.

– Merci, Vincent, pour votre écoute.

Noiron repartit, très affecté.

Ce dont Coulanges avait l'intuition depuis quelques mois s'avérait juste. D'après les propos de Noiron, sous une jovialité et une apparence enthousiaste, Ursy cachait en réalité un homme dangereux. À se croire si supérieur, tout en n'ayant aucune épaisseur humaine, un tel homme était incapable de supporter une atteinte à son image. Celle-ci était si éloignée de ce qu'il était réellement qu'il vivait dans une tension intérieure capable de le pousser au pire pour ne pas apparaître comme l'imposteur qu'il était.

La vanité de cet homme avait produit son fruit le plus noir, la violence. Ursy ne s'encombrait pas avec les limites de la morale, encore moins avec celles de la décence. Il ne s'encombrait pas non plus de la loi lorsqu'elle empêchait l'expression de sa vengeance. Cette drogue égotique lui commandait de détruire la vie de ceux qui devenaient une gêne sur son chemin. Avec une jouissance sale, il les effaçait de son univers. Cette vanité, bouillonnante sous un vernis social, le rendait incapable de toute empathie. D'une humanité stérile naît la violence. Côté pile, un Ursy à la sociabilité facile, au visage d'élite sympathique et à l'écoute. Côté face, un Ursy aux méthodes de crapule ou de barbouze et à la vanité brutale. Deux côtés, mais un même homme. Bref, un homme banal, au costume beaucoup trop grand pour une personne sans envergure.

Un homme banal, certes, mais un homme perverti. Dépourvu du cran nécessaire pour mener lui-même la vengeance abjecte qu'il avait échafaudée contre Kerdot. Ce jour-là, Coulanges mesura ce qu'il y avait de cruauté chez son directeur. L'absence de courage chez un homme de pouvoir grandit ce qu'il y a de vice en lui. Le courage agit dans la lumière, tandis que le vice se plait dans l'ombre. Il n'y a pas d'élite sans courage. Et il n'y a pas de courage sans risque. Le courage s'apprend dans le risque, et plus ce dernier sera profond, plus le courage sera vif.

Le Corps avait propulsé au rang d'élite des hommes sans dignité particulière et les avait confits dans le statut ouaté et les privilèges. Ils étaient choisis pour leur *talent d'administrateur*, sans sonder leur éthique, leur courage, ou leur vision.

Il faut craindre une élite sans courage et sans culture. Elle est capable du pire.

En pensant à la tragédie vécue par la France lors de la dernière guerre, Coulanges n'avait pas de peine à imaginer les méthodes dont aurait été capable un homme comme Ursy durant cette période. Et si l'Histoire plongeait de nouveau la population dans une tension extrême, Coulanges comprit que, pour éliminer des gêneurs, des hommes comme Ursy useraient des mêmes méthodes, qu'il s'agisse de dénonciations anonymes, de manipulations de faits et de documents, de faux témoignages et au final d'exécutions légalisées et ordonnées par la force publique.

L'extinction du courage dans l'élite est la garantie de sa trahison. On ne cultive pas le courage chez un homme en le préservant de toutes les vicissitudes de la vie. Le privilège empoisonne le courage. À chaque époque, des hommes se lèvent et incarnent la grandeur d'une nation. La grandeur, c'est rester droit dans les tempêtes, capable d'actes de bravoure et de droiture. C'est aussi être incapable de bassesse. Ces hommes deviennent des exemples pour ceux qui font de l'honnêteté une valeur non négociable. L'honnêteté est humilité devant la vérité et la justice. Ursy incarnait à la fois la disparition d'un esprit qui fut grand, et la faillite annoncée d'une nation. À la suite de hauts fonctionnaires qui avaient fait du service à leur pays l'équivalent d'un sacerdoce, il était, comme nombre de ses pairs aujourd'hui, l'artisan besogneux de sa faillite morale.

La priorité de Coulanges était qu'Ursy renonce à mener cette action contre Kerdot, sans mettre Noiron en porte-à-faux. Il profita de diverses réunions seul à seul avec Ursy pour lui demander comment il voyait désormais la relation avec Kerdot. Tout en étant muet sur la commande qu'il avait passée à Noiron, Ursy restait vague et affichait une assurance déroutante. Coulanges dut s'y reprendre à plusieurs fois. Il voulait faire germer dans l'esprit de son directeur l'idée d'une action dont l'établissement n'aurait pas à avoir honte.

Un matin, Ursy finit par lui dire :

– J'ai réfléchi, pour Kerdot. Je ne veux plus l'avoir au travers de ma route. Il faut qu'on puisse avancer comme nous voulons.

Coulanges retint son souffle et attendit.

– Je vais l'acheter, reprit Ursy.

– L'acheter ? s'étrangla Coulanges.

– Oui, l'acheter. Il faut être pragmatique, Vincent. Tout s'achète, Kerdot y compris. Il a un prix, comme nous tous. Peut-être même qu'il n'attend que cela. Peut-être même qu'il a fait tout cela pour qu'on l'achète.

– Mais... tu vas l'acheter comment ? Il a déjà une grosse berline de fonction ! demanda Coulanges stupéfait par ce qu'il venait d'entendre.

– C'est simple. C'est juste une question de zéros sur le chèque. Ensuite, il est à nous. Je m'occuperai de voir avec lui comment on s'arrange dans les réunions avec le syndicat pour que ça ne se voie pas, et qu'il reste à sa tête le plus longtemps possible.

Ursy venait de passer de la méthode de barbouze à l'idée de corrompre un délégué syndical.

Il réfléchit quelques minutes puis reprit :

– Non, j'ai une meilleure idée. Je ne peux pas me permettre de compter sur Kerdot. Nous allons susciter des vocations... dit-il en faisant basculer le dossier de son fauteuil en arrière avec le regard au loin.

Avec cette façon allusive de parler, Ursy se donnait des airs de stratège. C'était la première fois que Coulanges le voyait ainsi.

– Qu'appelles-tu des vocations ?

– Tu vois, Vincent, tu es trop honnête pour avoir ce genre d'idées. Je le sais. Mais, si tu veux avancer dans la carrière, il faudra t'y mettre, lui dit Ursy avec le ton condescendant de celui qui a des leçons à donner. Nous n'aurons pas de mal à trouver quelqu'un dans le personnel avec l'envie de créer un syndicat. Nous l'aiderons, et il nous aidera.

– Tu as quelqu'un en tête ?

– Oui, j'ai un excellent candidat. Je pense même qu'il ne demande que ça... lui aussi.

Coulanges réfléchit.

– Tu penses à Costa ?

– Non, pas lui, trop honnête. Cherche bien.

Ursy le regardait fixement avec un léger sourire. Il le laissa chercher quelques minutes, sûr de son effet.

– Que dis-tu de Baron ?

– Baron ? s'étrangla une nouvelle fois Coulanges.

– Que lui reproches-tu ? demanda Ursy avec un rire sardonique.

– Ce type est complètement véreux !

– Tu vois, je crois que ce sera finalement sa plus grande qualité pour la fonction. Il fera un excellent responsable syndical face à Kerdot, dit-il en articulant lentement chaque mot.

Coulanges était sans voix.

– Tu ne trouves pas ? reprit Ursy avec ironie.

Coulanges restant muet, Ursy continua :

– Prends de la hauteur et tu te rendras compte que j'ai raison. Il va siphonner les voix du syndicat de Kerdot, et nous aurons deux syndicats que nous saurons piloter ou opposer. Finies les démonstrations d'autorité de Kerdot. Et Baron sera très facile à acheter.

Coulanges était sonné. Il prétexta un appel sur son portable et sortit. Il avait besoin de se retrouver seul. Il rentra dans son bureau et s'enferma. L'écœurement lui serrait la poitrine. Cette manipulation de syndicats était minable. La manipulation est l'arme de ceux qui, dépourvus de noblesse, ne connaissent pas le respect d'autrui.

Lorsqu'un homme dispose du pouvoir, il peut choisir entre se comporter comme une crapule ou un honnête homme. À défaut de courage, Ursy avait préféré le vice. À l'abri de tout, il jouait au stratège et s'en trouvait grand. Il est facile de jouer lorsque l'on sait ne rien risquer. A la longue, l'impunité libère toujours le vice.

Coulanges repensa à Baron. Une scène lui revint en mémoire. Elle datait de deux mois environ. En sortant du cinéma en centre-ville, un soir de semaine, il aurait juré avoir vu de loin Ursy et Baron sortant ensemble d'un bâtiment à l'aspect neutre. Sur le moment, il fut surpris sans y attacher d'importance. Mais, après cette discussion avec Ursy, il eut l'intuition que ce qu'il avait vu n'était pas si neutre que cela.

La journée se terminant, Coulanges quitta son bureau et prit la direction du centre-ville. Il gara sa voiture et termina à pied. Il se rappelait très bien où se trouvait le bâtiment duquel il pensait avoir vu les deux hommes sortir. Il était à l'écart des commerces, et du flux des piétons. Sans aucune fenêtre, il n'avait qu'une seule porte en métal gris foncé dépourvue d'indication. Coulanges s'approcha et remarqua une sonnette dans l'embrasure. Au-dessus de la sonnette, une petite plaque en cuivre avec écrit dessus : G.O.D.F[23]. Les choses semblaient claires désormais ! Les deux hommes seraient donc

---

23. Grand Orient de France.

francs-maçons de la même loge. Voilà qui pouvait apporter un éclairage singulier à l'idée d'Ursy. Alors qu'il n'en avait parlé à personne, Coulanges en eut la confirmation quelques semaines plus tard. Un membre éminent de la gouvernance de l'établissement, écœuré par la personne d'Ursy, mais pas assez courageux pour s'opposer à lui, vint trouver Coulanges. À l'abri des regards dans un restaurant, il avait eu besoin de dire son dégout et en profita pour affirmer de source sûre l'appartenance d'Ursy à la franc-maçonnerie.

Baron était un homme à la cinquantaine passée. Deux des directeurs précédents avaient essayé de le licencier, mais s'étaient heurtés à la curieuse résistance de quelques clients. Ne comprenant pas ce qui pouvait l'expliquer, ils avaient mis cela sur le compte d'une vieille amitié. Cadre supérieur, Baron avait fait de la fainéantise une pratique assidue depuis une vingtaine d'années. Personne n'avait le souvenir d'une note ou d'un mail de sa part, ni même d'une idée. Présent seulement deux à trois heures par jour à son bureau, parfois accompagné de son chien, il passait le reste de son temps en promenade ou dans les restaurants gastronomiques à qui il avait donné consigne d'envoyer l'addition à son directeur. D'une intelligence moyenne, sans noblesse dans ses manières et la plupart du temps silencieux, il était de ces êtres sans relief qui cachait une personnalité aigrie par un orgueil hypertrophié. S'il advenait qu'une parole le pique, il usait de ses connaissances pour détruire celui qui avait pu oser la prononcer. Sans aucune retenue dans l'usage de la brutalité, il devenait tel le sanglier blessé chargeant sur le chasseur qui avait manqué son coup. L'impunité dont jouissait cet homme était une énigme pour tous. Elle nourrissait évidemment de nombreuses hypothèses, parmi lesquelles la marque d'une protection douteuse en haut lieu. Des noms circulaient, mais il restait incompréhensible qu'un tel cadre inutile puisse bénéficier de cette faveur. Cette possible appartenance à la franc-maçonnerie pouvait offrir une part de la réponse.

Ursy souhaitait donc susciter la vocation de responsable syndical chez ce genre d'homme. Profondément individualiste et couard, Baron n'avait pourtant aucune fibre sociale. Il fut sensible à l'impunité que lui proposait Ursy. Elle lui offrait l'absolue tranquillité jusqu'à la retraite, et le préservait du risque d'être inquiété de nouveau par un éventuel futur directeur zélé, comme avait pu l'être Walden à son égard.

Baron réfléchit quelques jours et accepta, tout en exigeant que pour chaque négociation syndicale, Ursy lui prépare tous les dossiers et procès-verbaux. En échange, charge à Baron d'affaiblir Kerdot, et par la suite toute personne que lui désignerait Ursy. Les deux hommes s'entendirent ainsi.

Ursy était fier de lui. Il avait « habilement » résolu la question du dialogue social.

En évidant de sa substance toute opposition possible, il n'avait plus besoin de Noiron, devenu gênant avec ce qu'il savait. Ursy prit donc la décision de le licencier quelques semaines plus tard sous un motif fallacieux, tout en se répandant en calomnies sur lui au sein du personnel. Il fallait que Noiron disparaisse, comme dissous par l'acide, et surtout que chacun l'oublie. Ursy avait pris goût au licenciement « *à l'américaine* », comme il disait, utile pour se débarrasser d'un collaborateur dont il ne voulait plus. Lui qui profitait de la sécurité absolue de l'emploi enchaînait les licenciements, et les humiliations qu'il leur associait, à un rythme qui commença à intriguer le Conseil de surveillance[24], pourtant acquis à sa cause. Ursy avait alors eu cette formule incroyable, que seule la jouissance

---

24. Dans les statuts de l'établissement, le directeur rendait compte à un conseil de surveillance, dirigé par un président.

de l'impunité pouvait dicter à un homme sans scrupule : « *C'est une chance que je leur offre. Travailler ici est un tremplin* ». Il est des formules si paradoxales qu'elles ont le pouvoir d'égarer l'attention d'autrui et d'éteindre son questionnement. La manipulation d'Ursy était une quintessence de mépris, d'arrogance et d'impunité. Et pour ne jamais se salir les mains, il prenait soin de toujours confier la basse besogne à son DRH. Celui-ci s'en acquittait par obligation, tout en manifestant le zèle de celui qui tente de s'attirer la reconnaissance durable d'Ursy, pensant s'éviter ainsi une humiliation future.

Et pourtant, le Ursy-côté-pile vantait, par ses discours et ses communiqués de presse, ses actions en faveur de la RSE[25] qui, on ne sait comment, le sacra du label « exemplaire ». La charte d'entreprise qu'il avait rédigée, mettant l'éthique au cœur de ses préoccupations, avait été largement saluée pour sa clarté et sa détermination. Il était un modèle. A l'abri des difficultés de la vie, cet homme était, en réalité, comme l'enfant-roi qui fait des autres ses obligés et, des choses, les objets de ses caprices. Si d'aventure, une contrainte apparaissait sur sa route, il ne s'interdisait rien pour la supprimer. Le modèle d'éthique n'en avait pas.

C'est ainsi que le pire salarié de l'établissement incarna la défense du droit et de la justice des salariés. Ursy savait maquiller le vice pour lui donner des airs de vertu, comme il savait reconnaître sans se tromper les hommes qui lui ressemblaient. Baron n'attendait effectivement qu'à être acheté, et s'il lui fallait prendre la parure du représentant syndical pour cela et jouer ensemble la comédie avec Ursy, peu lui importait. Il trouva même le rôle amusant. Par orgueil, il prit vite goût à prêter son visage à la vertu, jusqu'à se convaincre qu'il était l'homme idoine pour cela. Il en va ainsi du vice. Il arrive

---

25. Responsabilité sociétale des entreprises.

un temps où l'orgueil lui offre sa légitimité dans le simulacre de la vertu. Vanité et vice marchent de pair. La première restant la mère du second.

Ursy et Baron s'étaient trouvés et reconnus. Ils avanceraient désormais comme deux frères. L'un assumerait le rôle de l'aîné, pendant que l'autre accepterait volontiers celui du cadet dans les pas du grand frère.


Le peuple doit pouvoir reconnaître la grandeur en portant le regard sur son élite. Un pays a besoin du sens de la grandeur pour exister. Elle fonde sa fierté et son identité propre. Sans grandeur, le pays se dissout, et l'âme de son peuple avec. S'ensuivent l'effondrement, puis la disparition. L'histoire est pleine de ces nations englouties, car dirigées par une élite repue.

Et quand l'élite est repue, il n'y a pas long avant qu'elle ne devienne corrompue.

Confort, privilèges et impunité sont les poisons mortels de la grandeur. Ils la tuent. Lorsque ce venin entre dans le corps de l'élite, elle oublie le regard de stratège qu'elle doit à son pays, et prend plaisir aux calculs médiocres à des fins personnelles. Le mensonge au pays commence là. De toute façon, Ursy, comme nombre de ses pairs, était étranger à ce type de considération. Il ne travaillait plus pour l'État, mais pour sa caste.

Au lendemain de la dernière guerre, un mot brillait dans tous les esprits : *reconstruction.* Ces hommes et ces femmes, qui avaient souffert en leur chair et en leur âme, jusqu'à tout perdre, ont trouvé le courage au fond d'eux-mêmes. Ils ne l'ont pas trouvé dans les privilèges, l'impunité ou le confort. Ils ne l'ont pas trouvé dans le mépris, l'arrogance ou la suffisance. Ils ne l'ont pas trouvé dans les mesquines défenses de caste. Ils l'ont trouvé dans l'ascèse du sentiment d'honneur, dans la grandeur de l'empathie, et dans l'amour sincère pour leur pays. Par ce courage, ils ont trouvé la force de reconstruire pour les décennies qui ont suivi. Ils ont rebâti une nation forte, debout, souveraine. Une nation menée par l'audace de son élite à la conquête de son époque. En peu de temps, elle a créé un socle pour un grand pays. En ces années, l'élite sut rendre la fierté à une population dépouillée.

Le mortel poison n'avait pas encore été inoculé.

Lorsque le courage s'éteint, la vérité disparaît, et la nation se meurt.


Ursy aimait les hommes minuscules. À leurs côtés, ce nain moral s'en trouvait grandi. Opposé à la grandeur, il s'employait à « médio-criser » tout ce qu'il touchait. Comme le sachet de thé infuse dans la théière, lui-même diffusait la médiocrité.

Il n'était donc pas seulement médiocre.

Il était la médiocrité.

# Chapitre 10
# Le manipulateur

*« Quand tout le monde vous ment en permanence, le résultat n'est pas que vous croyez ces mensonges, mais que plus personne ne croit plus rien. Un peuple qui ne peut plus rien croire ne peut se faire une opinion. Il est privé non seulement de sa capacité d'agir, mais aussi de sa capacité de penser et de juger. Et avec un tel peuple, vous pouvez faire ce que vous voulez. »*

Hannah Arendt
*Entretien avec Roger Errera*

Il y avait à peine six mois qu'un nouveau président dirigeait le pays que, déjà, des journalistes publiaient des essais, ou des récits, faisant état de leur analyse sur sa personnalité. En cette fin d'année, on trouvait donc de tout sur les étals des libraires, de l'hagiographie construisant la légende, à la critique acerbe annonçant la catastrophe à venir. Alors qu'il se promenait dans la principale rue commerçante de sa ville, un livre parmi ceux-ci attira tout particulièrement l'attention de Coulanges. Son titre qualifiait le jeune président de *« manipulateur »*.

Coulanges n'était pas familier avec ce terme, et ne l'employait pas, ne sachant pas avec précision ce qu'il signifiait. Ces dernières années, ce mot était devenu un mot « passe-partout », voire une invective. Dans le titre, il portait une charge négative évidente avec l'objectif de saisir l'attention de celui qui lirait, et de l'alerter. Coulanges resta un moment devant ce livre. L'image sur la couverture était très simple, mais glaçante. Elle dessinait un président à la personnalité indiscernable, sans vrai visage, et reconnaissable seulement par sa silhouette. Un homme à l'aise dans l'ombre et l'obscurité, capable d'endosser n'importe quel costume. Cette image était l'exact contraire de ce que les médias montraient depuis des mois à la population, mettant en scène un homme prenant parfaitement la lumière, éminemment sympathique, ouvert, direct. Bref, un homme solaire.

Il y avait de quoi être perplexe. Était-ce l'œuvre d'un opposant politique ? Était-ce un coup commercial, dénué de toute éthique et de tout professionnalisme ? Ou était-ce le résultat d'une enquête pleinement objective, reposant sur des faits, comme pouvait le laisser supposer la bonne réputation du journaliste ?

Coulanges ne parvenait pas à imaginer un tel machiavélisme de la part d'un président. Il resta donc sans réponse et reprit son chemin. L'époque était saturée de thèses de toutes sortes, le plus souvent teintées de théories du complot, et répondant à l'attente avide de lecteurs majoritairement friands de sensationnel. « Encore un énième livre sur la rengaine du "Tous pourris". Ça devient lassant », se dit-il.

Puis, le livre lui sortit de l'esprit.


Ursy organisa un nouveau séminaire avec les cadres de sa « garde rapprochée ». Comme à chaque fois, l'ordre du jour était flou et sans ambition, afin de privilégier, disait-il, une atmosphère de détente durant la journée. Ces temps de relâchement étaient l'occasion de faire plus ou moins tomber les masques. Ursy, aimant faire travailler ses amis incognito, avait commandé l'animation de la journée à l'un de ceux-ci, un certain Morin, obscur gérant d'une société de conseil en management, tout en se gardant bien d'afficher un quelconque lien avec lui. En peine d'originalité, cet homme fatigué, et aux méthodes usées, commença par benoîtement demander à chacun de raconter, devant ses collègues, ses « passions », garantissant que cet exercice permettrait au groupe de gagner en cohésion et assurerait une meilleure efficacité à l'établissement. Éternel marronnier du management en entreprise, dont l'objectif éculé était de fendre l'armure de la fonction pour faire apparaître, comme par enchantement, l'humanité de la personne.

Sans surprise, cet exercice cousu de fil blanc laissa quasiment tout le monde sur la réserve. À part une femme, connue pour son attitude violente et égoïste, qui déclara sans rougir son fervent désir d'être brancardière à Lourdes, la grande majorité des cadres invités se limitèrent à avouer des passions standard et à connotation positive. Ursy avait sans nul doute téléguidé son ami, afin d'en savoir plus sur chacun.

Pendant le déjeuner, le groupe étant réparti en plusieurs tables, on entendait Ursy s'exclamer et rire bruyamment à la sienne, entraînant avec lui plusieurs de ses collaborateurs dans une ambiance à l'apparence très amicale. Mais ce comportement visiblement forcé d'Ursy paraissait toujours aussi artificiel. Il jouait une séduction sans finesse, épaisse comme du gros sel, à l'image de ce qu'il savait faire, et de la considération qu'il avait pour ses collaborateurs. Il avait une façon d'être et de ne pas être, tout en étant en même temps, tout et rien. Il n'était que permanentes contorsions.

Mais c'est peu après le déjeuner qu'eut lieu quelque chose dont seul Coulanges prit réellement la mesure. Peut-être parce que, durant le repas, Ursy ne sut pas modérer sa consommation de vin rouge, pourtant de mauvaise qualité, il sembla moins superficiel que d'habitude. C'est ainsi qu'à la reprise des travaux, suite à une question anodine qui lui était posée, il déclara devant tous avec la candeur qu'il savait si bien simuler :

– Vous savez, mon métier, c'est de vous manipuler.

Toute l'assemblée, sauf Coulanges, partit d'un grand éclat de rire.

La couverture du livre que Coulanges avait vu quelques jours plus tôt lui revint en mémoire. Il avait alors réagi comme ses collègues. Il n'avait pas cru ce qu'on lui mettait sous les yeux. Mais, concernant Ursy, il comprit immédiatement que celui-ci disait la vérité. En une seconde, ce qu'il avait observé depuis des mois cristallisa dans ce mot : *manipuler*. Après avoir fait cette déclaration, Ursy balaya discrètement l'assemblée du regard, comme pour vérifier qui le prenait ou non au sérieux. Il croisa le regard de Coulanges, s'arrêta une fraction de seconde, le regarda au fond des yeux, puis continua son tour. Il peut se dire beaucoup de choses en une fraction de seconde. Ursy comprit que seul Coulanges l'avait cru.

Cette seule déclaration était par elle-même un acte de manipulation. Ursy était satisfait. Il avait hésité à la faire, mais, en cette journée, il s'était senti sûr de lui. Il avait bien fait. Il put vérifier que son emprise sur les cadres présents était quasi totale. « Ces imbéciles sont vraiment des veaux, se dit-il probablement tout en continuant de leur sourire. Je leur dis que je les manipule, et ça les fait rire. C'est presque trop facile ».

Il n'avait rien à craindre. À part Coulanges, il les avait tous cernés et mis dans des boîtes avec étiquette. Tous prévisibles. Il faisait d'eux ce qu'il voulait. Il venait d'en avoir la confirmation.

Le comble dans cette déclaration était l'assurance calculatrice dont avait fait preuve Ursy. Coulanges se sentit pénétré du même effroi que lorsque Noiron, consterné, était venu lui raconter la demande faite par son directeur. Avec l'air tranquille, Ursy s'offrait le luxe de se présenter lui-même comme manipulateur à ceux qu'il manipulait. C'était un tour de maître.

L'aveuglement volontaire à ne pas se reconnaître manipulé était manifeste. Aucun de ces cadres ne pouvait concilier l'homme qui, d'une part, se déclarait manipulateur et qui, d'autre part, riait avec eux si franchement. Dans leur esprit, le premier n'était donc rien d'autre qu'une nouvelle plaisanterie de leur directeur. Alors, ils avaient ri, tous ensemble, pour se rassurer.

Et Ursy avait ri avec eux. Franchement et bruyamment, comme il le faisait toujours.

Un rire machiavélique qui glaça Coulanges, car il se rappela ce que disait un de ses écrivains favoris : « *Si vous voulez étudier un homme, ne faites pas attention à la façon dont il se tait, ou dont il parle, ou dont il pleure, ou même dont il est ému par les nobles idées. Regardez-le plutôt quand il rit* »[26].

L'après-midi se poursuivit avec des exercices divers menés en groupe, mais Coulanges était ailleurs. Pour Ursy, le management n'était qu'une pratique de manipulation. Son métier d'élite était de manipuler.

La phrase d'Ursy à ses cadres révélait un évident cynisme. Il poussait la performance à le rendre aimable et sympathique. Il en avait fait un outil de séduction. C'était pervers. Mais que faire ?

Coulanges n'avait pas d'autre choix que le silence. Il se rappelait toutes ces fois où Ursy avait cité la loyauté comme la première obligation de tout collaborateur, et avait évoqué son intransigeance au moindre acte déloyal. Ursy n'avait pas en tête la loyauté envers l'établissement, sa stratégie, ou ses clients, mais uniquement celle

---

26. Fiodor Dostoïevski, *L'adolescent*.

envers sa personne. Toute remarque négative à son encontre se trouvait jugée par lui comme un acte déloyal à sanctionner sévèrement. Ce genre d'homme ne pouvait concevoir un autre mode de vie que l'impunité. Pour ce faire, il avait donc travesti la loyauté.

Sous le cynisme, cet homme était désabusé. Il ne croyait en rien, incapable de faire confiance à qui que ce soit. La vie ne le traversait pas. Il s'était délesté de ce qu'elle était, pour la remplacer par le calcul. Toute parole était le fruit du calcul, autant dans ses mots que dans ses intonations. Il n'avait pas d'émotion, mais des apparences d'émotion. Il n'y avait rien d'affectif en lui, mais il pratiquait l'affectivité. Force était de constater qu'il la pratiquait avec beaucoup de talent. Cet homme banal, sans charisme, à l'intelligence de comptable, mais avec une intuition animale, savait reconnaître les fragilités, les croyances, les goûts, les valeurs de ses interlocuteurs. En quelques secondes, son instinct les identifiait et trouvait le chemin qui menait au cœur de l'autre. Là était son« *métier* ».

Il rêvait d'un monde aseptisé, un monde dans lequel l'homme serait désencombré de ces aspérités que sont les sentiments ou les affects. Il n'avait que mépris et condescendance pour ceux qui manquaient de retenue et laissaient paraître ce qu'ils ressentaient. Mais, pour donner l'impression qu'il était comme tout le monde, il apprit comment s'y prendre pour simuler l'empathie, ou la sincérité. Cette *sympathie de synthèse* ne lui coûtait pas. Alors, il la distribuait sans compter.

C'est ainsi qu'il réussit à circonvenir autant de monde. Il avait fallu peu de temps pour qu'on dise de lui : « *Voilà un homme qui aime les gens* ». Il consacrait du temps à donner l'apparence d'une vie sociale semblable à celle des gens « ordinaires ». On vit en lui un « *homme humble* ». Quand il l'apprit, il sut qu'il avait réussi. Alors, il n'hésita plus à s'élever en exemple du respect d'autrui. Cet homme, en réalité dénué de tout scrupule, se présentait comme un protecteur et un humaniste. Bref, le parangon de « *l'homme bien* ». Il en va souvent ainsi de membres de cette élite. Ils se font souvent donneurs de leçons, compensant leur illégitimité en s'inventant une moralité et une droiture auxquelles ils finissent par croire. Ils se font dès lors les inquisiteurs intraitables de quiconque contreviendrait aux règles dont ils se sont institués les garants. N'étant plus à un mensonge près, et profitant de cette sacro-sainte impunité, mère de toutes les aberrations, Ursy avait fini par faire de sa personne un miroir aux alouettes. Il était devenu le mensonge même.

La nomination par décret présidentiel avait donné sa perfection au personnage. Elle était comme le sceau impérial jadis exhibé à la manière d'un sauf-conduit. Très peu avaient cet honneur. Elle transformait définitivement le médiocre en un homme profondément sûr de lui-même et, pour le restant de sa vie, convaincu de disposer de compétences exceptionnelles. Dans cet univers particulier, il semblait d'ailleurs plus profitable d'être convaincu de disposer de compétences remarquables, plutôt que d'en disposer réellement.

Cependant, la manipulation ne fonde rien. Elle est incapable de construire durablement puisqu'elle est fausse par nature. Il est un jour où ce qu'elle a échafaudé s'écroule. C'est la raison pour laquelle une élite qui n'a plus que la manipulation pour se maintenir conduit immanquablement son pays au désastre. Chez Ursy, ce comportement trahissait une évidente immaturité. Sa manière infantile de transformer aussi couramment la réalité trahissait une peur d'affronter le monde de la vérité, celui des adultes. Il y avait du Magicien d'Oz[27] chez Ursy. Jour après jour, le château de cartes

---

27. Le Magicien d'Oz est le personnage central du roman pour enfants du même nom de Lyman Frank Baum, publié en 1900. Puissant magicien du pays merveilleux d'Oz, il finit par être confondu par Dorothée devant laquelle il se révèle n'être qu'un imposteur.

qu'il construisait se faisait de plus en plus instable. Mais, grâce à sa capacité hors norme au calcul, il échafaudait encore plus complexe, et renforçait là où une fragilité apparaissait. Il était semblable à ces escrocs qui, ayant monté une pyramide de Ponzi[28], sont contraints de s'engager dans une spirale de fraudes pour ne pas être découverts. Par sa façon d'être, Ursy anesthésiait les esprits et les empoisonnait lentement, doucement. De la main droite, il offrait les douceurs, et de la gauche, le poison. Dans une atmosphère de manipulation, les esprits se trouvent perturbés, de la même façon qu'un œil ne parvient pas à accommoder sur une image floue.

C'est ainsi qu'au fil du temps, alors que nul n'était conscient du fonctionnement réel du directeur, le personnel commença à ressentir un malaise impalpable. Des revendications brouillonnes apparurent d'un coup. Baron tenta de les étouffer, mais n'y parvint pas. Kerdot ne s'en mêla pas et resta en retrait. Ursy comprit rapidement ce qui avait lieu. Il essaya de discréditer les deux ou trois meneurs en leur signalant que ses interlocuteurs étaient les seuls responsables syndicaux. Sans succès. Il craignit que son système craque, que le mensonge apparaisse au grand jour. Pendant quelques jours, pour la première fois, Coulanges le vit très nerveux. Ursy finit par faire quelques promesses et minimisa les revendications. Elles diminuèrent d'intensité pendant quelque temps, puis réapparurent sous une autre forme, plus pressantes. Leur caractère ondoyant laissait supposer une origine plus profonde. Même si elle n'était pas reconnue, la manipulation opérée sur l'ensemble du personnel avait créé un flou imperceptible dans les relations entre salariés. Sans en être conscients, ils percevaient une distorsion entre

---

28. Une pyramide de Ponzi est un montage financier frauduleux consistant à rémunérer les investissements des clients essentiellement par les fonds procurés par les nouveaux entrants.

la réalité qu'ils voyaient et ce qui leur en était dit. À la longue, cette distorsion produisait un effet insidieux sur chacun, le plaçant dans une situation de doute et de mal-être alors que rien d'objectif n'était apparent. Personne ne connaissait les manœuvres d'Ursy, mais le flou qu'il produisait était suffisamment sournois pour enliser les esprits les plus sensibles.

« *Je dois purger le sujet* » se résigna Ursy, usant d'une image peu ragoûtante, mais éclairante sur ce que représentaient à ses yeux les préoccupations de ses salariés. Il aimait beaucoup cette expression.

Pour reprendre la main sur les événements, et surtout éviter qu'à la longue certains regards finissent par converger vers lui, Ursy annonça, par une note interne largement diffusée, le lancement d'une enquête. Sa « *feuille de route* » serait de faire un point exhaustif sur l'ambiance au sein du personnel et d'apporter des solutions pour le bien-être de chacun, « *sa préoccupation première* », insistait-il.

Globalement, le personnel estima que l'idée était bonne et qu'il prenait la question à bras-le-corps. L'enquête devint alors le réceptacle des attentes, ce qui du même coup dissipa les tensions.

Ursy simula un appel d'offres pour cette mission. Il ne reçut qu'une seule offre, celle de son ami Morin. Par note interne, il le présenta au personnel comme le lauréat de l'appel d'offres. Il souligna l'indépendance de ce cabinet de conseil, et se porta garant de la totale objectivité avec laquelle il allait mener son enquête. Ursy ajouta, pour faire taire ceux qui pourraient en douter, qu'il y veillerait *personnellement*. Enfin, il annonça la date de remise du rapport, en précisant qu'il en prendrait connaissance en même temps que le personnel.

Morin, probablement en peine d'activités, s'exécuta dans les jours qui suivirent. Pendant plusieurs semaines, il mena des entretiens avec une grande partie du personnel pour essayer de trouver une ou plusieurs causes expliquant le malaise. Il recueillit de nombreux témoignages, des verbatim, et des confessions. À partir de cette abondante matière, il construisit son rapport et proposa des pistes de solutions. Ursy demanda à voir le rapport avant diffusion et n'en fut pas satisfait. L'analyse de Morin ne correspondait pas à la sienne. Il reprit donc l'écriture du rapport, gomma les revendications, atténua les expressions du malaise, retira quelques verbatim, ajouta une critique violente contre une cadre pour l'humilier, introduisit des points positifs et reformula les propositions de Morin. Enfin, il eut l'idée d'ajouter une phrase. Il dut la placer au chausse-pied au milieu d'un paragraphe, puisque personne n'en avait parlé. Il écrivit : « *L'enquête a montré que le directeur est unanimement apprécié par le personnel* ». Il se dit que cette phrase ne pourrait avoir que des vertus positives et le couvrir en cas de difficultés sociales à l'avenir. Il renvoya à Morin le rapport ainsi modifié et lui demanda de le signer. Morin rechigna un peu, mais signa. Les fins de mois étaient difficiles depuis quelque temps. Ursy le savait et ne lui laissait pas le choix.

Le jour J, Morin présenta le rapport aux instances du personnel, puis à un groupe de salariés choisis par Ursy. Tous furent surpris des résultats du rapport, mais aucun d'entre eux n'imagina une seule seconde qu'il avait pu être falsifié par un homme aussi sympathique que leur directeur. Ursy assista à la présentation de Morin. À la fin, il prit la parole pour exprimer sa grande satisfaction et féliciter son ami. Il qualifia le rapport de « *précieux* » pour trouver « *des voies de progrès* ». Il termina en s'engageant à explorer avec le personnel les propositions faites dans le rapport, et à en rendre compte régulièrement devant les instances du personnel.

Ce rapport eut l'effet escompté. D'une part, Ursy envoya les salariés plancher sur des propositions qu'il avait lui-même préparées, anticipant déjà où elles les mèneraient. D'autre part, ceux qui avaient exprimé le malaise se trouvèrent isolés parmi le personnel. Ils eurent l'impression d'avoir été trahis par les autres, et ne s'exprimèrent plus. Enfin, Baron et Kerdot louèrent ouvertement les qualités d'écoute de leur directeur. Au final, tout le monde, ou presque, n'y vit que du feu. Seuls Coulanges et le DRH comprirent ce qui s'était réellement passé.

Ursy fut satisfait de sa « *manœuvre* » et s'estima « *habile* ». Cependant, une chose l'inquiétait. Il ne pourrait pas user de la même méthode, au cas où, de nouveau, il lui faudrait résoudre une situation semblable. Aussi, devait-il dès à présent commencer à réfléchir « *au coup d'après* ». Il avait déjà son idée. Elle se préciserait au cours des mois qui suivraient. Elle était violente, certes, mais elle marquerait les esprits et tuerait dans l'œuf toute velléité de nouvelle critique.

Pour les hommes de cette élite, « manœuvre » et « habileté » étaient des termes plus valorisants que « manipulation ». Le mot « manœuvre » était emprunté au langage militaire. Ces hommes jouaient aux officiers d'état-major. Comme s'ils étaient d'authentiques élites, ils se donnaient des airs de généraux. Malheureusement, ils ne connaissaient rien d'autre que machinations et trucages, pratiqués dans l'obscur de leur mentalité. Chaque époque a les généraux qu'elle mérite.

Cette élite en était donc arrivée là : défaite du courage et stérilité intellectuelle. La grandeur ne lui étant plus accessible, elle s'en donnait l'illusion par l'ivresse des privilèges. Au pouvoir, quand on n'a pas d'idée, on manipule. Quand on n'a pas de courage, on mani-pule. Quand on ne sert plus, on manipule.

Dans cette vision, chacun se trouvait réduit à exister pour le service des hommes de cette élite. L'assurance avec laquelle Ursy s'était exprimé, lorsqu'il avait défini son métier devant les cadres présents, montrait à quel point il reproduisait un schéma qui avait ouvertement cours et dont il était un représentant parmi d'autres. Le titre du livre, vu dans la vitrine du libraire, illustrait la proportion démesurée que cet état d'esprit pouvait prendre, jusqu'à la manipulation d'une nation entière. Ces hommes avaient renversé le sens du lien profondément organique qui les rattachait à la population. Ils l'avaient corrompu. À l'origine serviteurs du peuple, en quelques décennies, ils en avaient fait leur propre serviteur.

En analysant le comportement d'Ursy, Coulanges finit de se convaincre que la société était l'objet d'une manipulation systémique, opérée par un nombre restreint d'individus appartenant à ce qu'on qualifiait d'élite. Il ne s'agissait pas de penser que la manipulation résultait d'un vaste plan connu des seuls intéressés, comme s'ils étaient les initiés d'un obscur complot. Coulanges commença plutôt à comprendre que le développement de la manipulation était la conséquence tragique d'une situation qui favorisait ceux qui avaient ce triste talent. Les individus manipulateurs se trouvaient être particulièrement adaptés à certaines exigences de plus en plus prégnantes au sein de la société. Dans un monde qui promouvait la compétition comme seule voie vers la réussite personnelle, et qui croulait jour après jour sous un nombre croissant de normes, à part quelques supérieures exceptions, l'individu qui émergeait était fatalement individualiste et calculateur. Il ne s'encombrait pas de morale ni de valeur, et avançait en éliminant ceux qu'il trouvait sur son chemin. Il savait se débarrasser des affects, des scrupules et des remords. Il savait aussi, quand il le jugeait nécessaire, déplacer à son profit les limites légales. La compétition avait développé un état d'esprit favorisant les hommes avec pour unique moteur l'intérêt personnel. C'était ainsi que les narcissiques, les calculateurs et les manipulateurs étaient devenus la norme au sein d'une élite qui s'était peu à peu remplie de ce regrettable *vivier*. Le mensonge était devenu une méthode *légitime* dans une ambiance où tricher, mentir et falsifier était devenu la *norme*. C'était le contraire qui désormais apparaissait comme incongru. On reconnaissait alors les meilleurs parmi les plus *habiles*, euphémisme pour signifier ceux qui manipulaient avec aisance et succès. Ursy ne s'embarrassait pas avec toute cette verroterie qu'étaient les principes, valeurs, et autres fariboles de la morale. Il la laissait aux gens qu'il jugeait bornés. Lui traçait sa route sans d'états d'âme. Ce vide d'âme était finalement devenu sa compétence principale et sa vérité. Quand il voyait ses pairs, il s'en trouvait justifié. La seule chose qui, à ses yeux, méritait considération était *l'objectif*. Le reste n'était que « *cuisine* », comme il aimait si souvent le dire, et pour cela tous les ingrédients étaient bons. S'il fallait être démagogue, il distribuait de l'argent qui ne lui appartenait pas. S'il fallait apparaître comme le défenseur de l'environnement, il lançait des actions symboliques à grand renfort de communication et écrivait une charte sur papier glacé qu'un cabinet en communication avait préalablement « designée ». S'il fallait passer pour un exemple de management respectueux, il obtenait auprès de l'AFNOR[29] le label qui convenait et diffusait un communiqué de presse pour l'annoncer très largement. Il n'était pas soucieux de faire, mais de *faire croire* qu'il faisait. « *Plus besoin de faire ou d'être. Les gens croient ce qu'on leur raconte* », disait-il, et il en riait bruyamment. De conviction, il n'en avait pas. Il n'était qu'un homme de l'apparence, un maître de l'illusion. Mais, par son pouvoir et son impact, il participait à salir les valeurs fondamentales d'un monde encore stable.

---

29. Association française de normalisation.

Coulanges se rappela une discussion, au départ anodine, qu'il avait eue avec lui. Elle s'avéra finalement éclairante pour comprendre l'état d'esprit de cet homme et de ses pairs.

La conversation s'était portée sur les paroles qu'un politique avait exprimées devant les médias quelques jours auparavant, concernant un projet de loi en cours d'examen à l'Assemblée. Pour justifier ce projet, cet homme, qui se trouvait aussi être membre du Corps, avait affirmé des faits erronés. Pourtant, il avait une fine connaissance du dossier. Il l'avait donc fait délibérément.

– Tu as entendu ce qu'a déclaré Mercier hier au « 20 heures » ? demanda Coulanges à Ursy.

– Oui. J'ai envie de dire « bof », lui répondit Ursy.

– Que veux-tu dire ?

– Ben, j'aurais fait comme lui.

– Comment ça ? Comme lui, tu aurais dit sciemment des choses fausses ?

– Oui, sans problème.

– Mais, ce n'est pas la vérité, tu le sais ! s'étonna Coulanges en essayant de le dire le plus posément possible.

– Tu sais, la vérité... répondit Ursy en faisant une moue qui montrait son peu d'intérêt.

– Je ne te comprends pas.

– Tu crois en la vérité ? demanda Ursy avec ironie.

– Je crois que ceux qui décident ont l'obligation de la vérité.

– Si tu le dis... Mais qu'est-ce que la vérité ? répondit-il d'un ton désabusé et un brin moqueur.

– Eh bien, savoir dire comment est la réalité, répondit Coulanges, surpris de devoir formuler une telle définition. Ce n'est pas ce qu'a fait Mercier. Il sait pertinemment que ce qu'il a dit est le contraire de la réalité.

– Mercier a fait ce qu'il a jugé bon. C'est le jeu. Il n'y a pas de vérité. Il n'y a que ce qui peut servir.

– Mais ce n'est pas un jeu, répondit Coulanges, stupéfait. Il a dupé ceux qui l'ont écouté.

– Tu t'égares. Il a été habile.

– Je n'appelle pas cela être habile, mais mentir.

– Et alors ?

– Dans sa position, il n'en a pas le droit.

– Ce que tu peux être rigide !

Dans la bouche d'Ursy, cette remarque était cinglante.

– Pourquoi associes-tu rigidité et vérité ? lui demanda Coulanges.

– Parce que chacun a sa vérité. Tout le monde le sait. Si la vérité existait, ça se saurait.

Coulanges préféra ne pas entrer dans ce débat avec Ursy. Toutefois, il poursuivit :

– On peut penser ainsi, mais ça n'autorise pas à faire ou dire n'importe quoi et d'en faire une vérité.

– Vincent, je crois que tu prends les choses trop au sérieux ! Tout ça, c'est du théâtre ! répondit Ursy en riant.

– Du théâtre ? s'étrangla Coulanges.

– Mais, oui, du théâtre ! Un jeu, si tu préfères. Le fond, on s'en fiche. Ce n'est qu'un prétexte.

– Un prétexte à quoi ?

– C'est pourtant simple, Vincent. Un prétexte pour parvenir à l'objectif qu'il s'est donné.

– Tu veux dire que Mercier utilise le sujet de la loi ?

– Évidemment ! Il se fait de la publicité en vue des prochaines législatives. Il n'y a rien de mal à ça. J'en ai déjà discuté avec lui et je peux te dire que le projet de loi, il n'en a vraiment rien à faire. Mais en jouant comme il le fait, il a compris qu'il en tirerait bénéfice.

– Quitte à raconter n'importe quoi et à tromper la population ?

– Où est le problème ? Il ne trompe pas la population puisqu'il n'y a pas de vérité, en soi. Non... ne me dis pas que tu es naïf à ce point ! Et puis, je ne comprends pas ton attachement à ce que tu appelles la vérité. Celui qui a le pouvoir détient la vérité. C'est ainsi. Les autres n'ont de vérité que leur opinion.

– Donc tout est permis ?

– C'est de bonne guerre ! Pour réussir, Vincent, il faut être pragmatique, répondit Ursy en évitant la question de Coulanges.

– De quoi parles-tu ? De la réussite d'une nation ou du succès d'un homme du Corps ?

Ursy marqua un temps d'arrêt. Il réfléchit, regarda Coulanges dans les yeux et lui répondit avec un léger sourire sur les lèvres :

– Disons qu'il arrive parfois que les deux convergent.

– Tu connais cette phrase de Machiavel, « *Les grands hommes appellent honte le fait de perdre, et non celui de tromper pour gagner* »[30] ? Ça ressemble à ce que tu me dis, non ?

– Je ne connaissais pas, mais je la retiens. Elle est très juste. Je la réutiliserai volontiers.

– Je comprends que tu puisses vouloir t'en servir. Elle justifie tout.

– Les mots n'ont pas d'importance. L'histoire ne retient de toute façon que ceux qui gagnent. Elle se moque de comment ils ont fait. Elle est là, la vérité. Il n'y en a pas d'autres. Après, les jolis principes, j'ai envie de dire tant mieux s'ils font plaisir à certains. Mais tu ne m'enlèveras pas l'idée qu'ils ne sont, et ne resteront, que de jolis principes dont on ne se sert que pour berner ceux qui ont envie d'y croire. On ne ...

---

30. Machiavel, *Histoires florentines* (VI, 17).

Ursy reçut un appel sur son portable, ce qui mit fin à la conversation.

Dans une société qui savait de moins en moins distinguer la vérité du mensonge, envahie par le brouillard épais du relativisme, les hommes comme Ursy prospéraient. Cette nouvelle race de capitaines naviguaient avec aisance dans ces eaux troubles, guidés par la seule boussole de l'intérêt personnel. Les temps avaient vu émerger ces hommes qui, profitant de l'aubaine indépassable de leur statut ultra-protecteur, avaient le culte du mensonge. Ils compensaient leur faiblesse, leur absence de vision, leur absence de convictions et, avec prétention, se pensaient tacticiens. Quelques décennies plus tôt, leurs prédécesseurs ne posaient leurs actes que sur la vérité et le courage.

Bien sûr, mentir est vieux comme le monde. Mais s'il existe un lieu qui devrait protéger du mensonge, tout autant que de s'en protéger absolument, c'est bien l'élite. Elle devrait incarner la résistance au mensonge. Chacun de ses membres devrait avoir la conscience déterminée que le mensonge ne pouvait passer par lui. Ou alors il se rend coupable d'en être conducteur, comme peut l'être le cuivre avec l'électricité. Considérations certainement naïves aux yeux d'Ursy, mais aucune société ne s'est jamais construite durablement avec une élite justifiant le mensonge, quel qu'il soit. Il annonce toujours son crépuscule.

Avec l'état d'esprit de cette élite, un vaste drame se préparait en silence. Il ne tarderait pas à faire entendre les craquements causés par l'intenable tension entre une telle élite et la population. La première légitime le mensonge œuvrant à son service ; la seconde était animée de bon sens et de sincérité. La société tenait encore debout uniquement par l'espoir d'une élite un tant soit peu honnête. Il y avait là toute l'articulation du drame qui se jouait. Inévitablement, il s'ouvrirait sur une tragédie, si ce hiatus n'était pas résolu. Mais comment cette élite le pourrait-elle, alors qu'elle avait tout et pouvait tout ? Le pouvoir et les privilèges sont d'autant plus aveuglants qu'ils sont illégitimes.

Le temps était compté. Peu dans la population connaissaient ces hommes du Corps, puisqu'ils agissaient dans l'ombre des décisions visibles, mais bon nombre se doutaient que, quelque part, le système engloutissait une part conséquente de leur énergie. Ils comprenaient intuitivement qu'on les trompait. Ils comprenaient que certains avançaient avec une devise qui pourrait être « *Asservir, pour mieux se servir* ». Et comme l'avait connu Ursy au sein de son établissement, la population commença à se raidir. Comme le fit Ursy, on chercha à la disqualifier. Enfin, comme le fit Ursy, on la trompa avec un faux diagnostic et de fausses solutions. Après cela, la manipulation se poursuivit et s'intensifia. Dans les deux cas, le manipulateur tira comme seul enseignement qu'il devait encore s'améliorer dans la pratique de son « métier ».

Au sortir de la dernière guerre, suite au constat de sa trahison, la haute fonction publique fut remaniée. Il fut décidé que les hommes de l'élite nouvellement recrutés seraient des combattants de la vérité. Ils furent choisis en fonction de leurs capacités intellectuelles, mais aussi et surtout, en fonction de leur expérience de vie. On pensait avec justesse qu'un homme qui avait souffert dans sa chair des effets du mensonge et de la manipulation saurait défendre les intérêts de son pays. C'est ainsi qu'ils reconstruisirent le pays. La France profita de leur force de caractère, de leur amour de la vérité, et de leur respect des autres. Ces hommes furent, le temps de leur présence, des modèles vivants. Ils croyaient en une cause qui les dépassait et au service de laquelle ils se consacraient. Ils résistèrent au mensonge, et ils furent grands. Leur parole était solide comme des piliers de marbre.

Mais plusieurs générations plus tard, ce temps était révolu. Et la société avançait, hagarde, sans trouver les hommes dont elle avait besoin. Elle se défiait de ceux en place. Elle les rejetterait lorsqu'elle prendrait conscience de ce qui les anime : sauver les apparences, se sauver eux-mêmes, et se servir encore dans ce qui restait de cette société chaque jour un peu moins riche.

Ursy ne croyait qu'en lui-même et dans le Corps. Il touchait là son horizon le plus lointain, celui d'un égocentrisme total. Incapable de croire en une cause qui le dépasse, ni même de l'imaginer, il ne pouvait être de ceux qui dirigeaient. Il n'avait aucune étoile à montrer du doigt. Et pourtant, il en avait la responsabilité.

L'habileté d'Ursy ne se limitait pas à manipuler seulement ses salariés. Grâce à un fonctionnement bien huilé avec ses pairs, il avait su faire de celui qui aurait dû avoir une certaine autorité sur lui une simple marionnette.

Lorsqu'Ursy fut nommé, le président du Conseil de surveillance était un homme d'une envergure morale, intellectuelle et humaine, saluée internationalement. Un homme qui jamais ne se souciait de donner illusion, et qui toujours savait faire de sa parole un exemple de sincérité, d'honnêteté et de vérité. Il était un homme tout entier d'intelligence, de courage et d'humilité. Il était un homme de la terre qui s'était construit par lui-même. Ursy comprit très vite qu'il ne parviendrait jamais à le manipuler. Aussi ne s'y risqua-t-il pas.

Malheureusement, cet homme si rare et si précieux disparut soudainement et laissa libre son fauteuil. Ursy feignit la tristesse et le désarroi. Il se rendit aux hommages funèbres rendus à son président par la classe politique et le gouvernement, tout en commençant à élaborer un plan pour profiter de cette aubaine.

Assez rapidement, une candidature d'excellence se fit connaître. Une femme d'une grande stature intellectuelle et humaine, de nature malheureusement à inquiéter les hommes mal assurés. Ursy étant de ceux-ci, il s'en inquiéta. Avec l'air du candide, il justifia au ministère que le parachutage d'une personne étrangère à la région serait mal perçu par les politiques locaux. Cet argument était pure invention, mais en période préélectorale il était efficace. Il lui fallait éloigner les candidats brillants et faire vite. Il joignit un ami au ministère, qui se trouvait être membre du Corps. Celui-ci appuya son argument. Ce qu'attendait Ursy se produisit. On lui demanda en retour de proposer des noms.

Il avait bien sûr déjà fait son choix qui s'était porté sur Luc Thireau, un jeune retraité qui venait de céder sa société. Cet homme n'avait aucune compétence dans le domaine couvert par l'établissement qu'Ursy lui proposait de présider. Mais peu importe. Ursy le connaissait un peu et la banalité absolue de cet homme le séduisait. Sans vision, pataud, naïf, et avec un rire mêlant gêne et bêtise, il ferait un excellent candidat. Ursy se félicitait de sa trouvaille. Il ne pouvait espérer mieux. Cet homme serait une perle et sa ressemblance frappante avec le Sergent Garcia[31] était une véritable opportunité : elle ferait de Thireau un faire-valoir parfait. Ursy plaçait un nouvel idiot utile à ses côtés. Le second après Pluchon. Une telle fabrication de médiocrité était désespérante.

Lorsqu'il proposa à Thireau d'être candidat à la présidence, celui-ci fut ravi de cet honneur inattendu. Pour ne pas risquer de laisser passer une telle occasion, il accepta d'emblée. Il exprima à

---

31. Personnage grotesque de la série télévisée américaine « Zorro » (1957).

Ursy sa vive reconnaissance d'avoir pensé à lui. L'autre lui expliqua avec conviction qu'il avait vu en lui un capitaine d'industrie et que son établissement avait besoin d'un homme tel que lui. Thireau n'y vit aucune flagornerie et fut sincèrement heureux d'être reconnu à sa juste valeur. Il se redressa et bomba le torse. Ursy continua en lui expliquant, avec la moue déterminée de celui qui allait se battre pour une cause juste, qu'il lui faudrait désormais « *convaincre Paris* ». Son futur président l'écoutait. Entrevoyant maintenant à portée de main les bons restaurants et les honneurs, il espéra de toutes ses forces.

Évidemment, il ne fut pas difficile de convaincre Paris puisqu'Ursy avait carte blanche pour proposer son patron au ministère. Il en allait ainsi quand l'appartenance au Corps facilitait autant la vie. Ursy s'enquit tout de même de proposer un second nom pour la forme, en ajoutant discrètement qu'il était soutenu par un politique en conflit avec le gouvernement, et la cause de Thireau fut immédiatement entendue. Ursy revint vers celui-ci pour lui annoncer que le gouvernement avait immédiatement validé sa candidature. Et d'ajouter, sûr de son effet : « *C'est très rare, une validation aussi rapide. C'est clair, le gouvernement compte sur vous* ». L'orgueil de Thireau en fut bouleversé. C'est ainsi que cet homme d'une médiocrité peu commune succéda à une personnalité d'exception et, par la même occasion, offrit à Ursy la liberté la plus complète. Il ne vint pas à l'esprit de celui-ci que le résultat de cette grossière manipulation rendait un triste hommage à la mémoire de l'illustre défunt. Peut-être que si, après tout. Mais, en tout état de cause l'intérêt qu'il en tirait balaya toute autre considération, qui plus est mémorielle.

Une fois à l'œuvre, Ursy fit de Thireau sa marionnette consentante. Il avait très vite saisi que le manque d'intelligence de son président serait un atout précieux pour se mettre en valeur. Lorsqu'il rencontrait une difficulté avec la sphère politique, Ursy s'empressait d'en faire part à Thireau, lequel avait une profonde aversion pour celle-ci. Ce dernier partait dans la foulée au combat, tendu comme un élastique. Tel un éléphant dans un magasin de porcelaines, le brave Sergent Garcia gagna en peu de temps une solide réputation dans la région. Ursy prit alors l'habitude de passer après son encombrant président pour constater les dégâts, et s'en réjouir en secret. Il simulait la loyauté à Thireau, tout en prenant soin de laisser paraître à quel point elle était lourde à porter. Son adversaire faisait preuve d'empathie, et Ursy en récoltait les fruits. Ce scénario bien huilé se répéta autant de fois que le voulut Ursy, s'amusant avec délice de la naïveté de Thireau, lequel rentrait de sa mission, fier du travail accompli. Il ne fallut pas longtemps à ce dernier pour se penser héroïque, aimé et admiré par tous, enfin convaincu de surpasser son illustre prédécesseur. Tout naturellement, Thireau commença à penser aux remerciements de la nation. La vanité prend racine dans les profondeurs de la bêtise.

Tout cela aurait pu faire rire s'il ne s'était agi de la présidence d'un opérateur économique majeur du pays.

À part une tentative obstinée d'orienter l'attribution d'un important marché public au profit d'un ami, et quelques blagues de mauvais goût, Coulanges ne se souvint de rien d'autre de la part de son président après plusieurs années d'exercice.

Mais Ursy voulait aller encore plus loin. Il y avait un domaine qu'il ne maîtrisait pas encore : l'information. Jouir de l'impunité au sein de la haute administration est important, mais cela n'était pas suffisant à ses yeux. Quand on ne s'encombre pas des limites, il est nécessaire d'être couvert plus largement. L'impunité judiciaire aurait été idéale, mais elle était encore trop compliquée à obtenir dans ce pays, même si des progrès évidents étaient en cours. Ursy voulait aussi la complaisance de la presse. En ayant la garantie d'articles positifs et réguliers, ainsi que son soutien en cas de difficulté, Ursy savait qu'il aurait les mains presque libres pour faire ce dont il avait envie, et comme il en avait envie.

C'est alors qu'il comprit enfin à quoi allait lui servir Judith. Il avait appris que cette collaboratrice, qu'il qualifiait volontiers d'hystérique et dont il ne cachait pas son envie de la licencier tant elle l'insupportait par son naturel, vivait en couple avec un journaliste d'un quotidien important. Son regard brilla. Il venait de trouver la clé.

La providence venait du même coup de rendre un grand service à Judith.

Ursy déploya ce qu'il savait faire le mieux : séduire et manipuler. Il plaça Judith au centre de ses attentions pour mieux atteindre son compagnon. Faraud était un homme instable, ce qui pouvait le rendre dangereux avec un tel métier. Convaincu comme nombre de journalistes de détenir la vérité, il était aussi orgueilleux, susceptible et lunatique, ce qui n'arrangeait rien. Mais tout compte fait, ce type de « *client* » était celui avec lequel Ursy réussissait le mieux. Grâce à Judith, il put avancer pas après pas vers Faraud pour le séduire, jusqu'à ce que se présente à lui une opportunité rare qu'il sut saisir à pleines mains. Faraud venait de contribuer à un livre de photographies qu'il avait laborieusement illustré de quelques petits textes ampoulés et sans prétention. Sans lésiner sur les moyens, Ursy en fit un événement littéraire et artistique dont il confia l'organisation à Judith. Il doubla cette première attention d'une seconde, en achetant plusieurs centaines d'exemplaires avec l'argent du contribuable. Faraud fut profondément touché de la considération que lui témoignait aussi clairement Ursy. L'orgueil l'aveugla, et il trouva en Ursy un homme de goût, doublé d'un ami.

Tout en le méprisant, Ursy venait de transformer Faraud en un communicant agissant gracieusement pour son compte personnel.

L'impunité était désormais quasi complète. Ursy avait le champ libre. Il maîtrisait tout autour de lui. Il manipulait tout.

Ursy n'était pas une « erreur de casting », comme il aimait qualifier ceux qu'il n'appréciait pas. Il était par lui-même l'état d'esprit des élites de son époque, appartenant à une tendance de fond qui avait mis la main sur la société.

Ces hommes abîmaient notre pays. Un comble pour une élite ! Au lieu de contrer le poison, ils le produisaient et bâtissaient l'effondrement.

Pour se maintenir année après année, malgré des résultats calamiteux, ces hommes avaient besoin de la discrétion, de l'impunité, et d'un troisième pilier que la manipulation leur permettait d'infiltrer insidieusement dans les esprits. La conviction de leur invulnérabilité. Elle reposait sur la crainte des quelques-uns qui savaient, et sur l'ignorance de la multitude. Cette élite restait l'élite parce qu'elle s'était aussi construit cette invulnérabilité indigne.

Ils s'étaient faits les maîtres de l'asservissement.

# Chapitre 11
# Le virtuose

*« Dans l'ordre de la technique, un imbécile peut parvenir au plus haut grade sans cesser d'être un imbécile, à cela près qu'il est plus ou moins décoré. »*

Georges Bernanos
*La France contre les robots*

Au fil du temps, Coulanges eut de l'univers politique l'image d'une vaste arène dont seuls les maîtres du mensonge et de l'illusion sortaient vainqueurs. Il ne s'agissait pas d'une image originale tant la vie politique du pays offrait de quoi la justifier. Mais force était de constater que la pratique du mensonge s'était considérablement développée et avançait désormais à visage découvert, sans aucun complexe.

La manipulation était de plus en plus raffinée. Elle allait puiser son perfectionnement dans les derniers développements de la psychologie que des esprits pervers détournaient au profit de leaders ambitieux et sans scrupule. L'esprit de supériorité difforme de ces derniers ne leur permettait pas d'imaginer un autre mode de gouvernance possible que celui de la manipulation. Le regard qu'ils portaient sur la population les avait ancrés dans une conviction : la population était incapable de participer convenablement à la vie de la cité et, par conséquent, de faire les bons choix. Il fallait faire sans elle, tout en lui donnant l'illusion que le pays était un exemple de démocratie. Aux yeux de ces hommes, la manipulation avait donc pour vertu première d'assurer la paix au pays, lui évitant les poussées irrationnelles dont sa population était capable. La manipulation avait ainsi l'avantage d'offrir stabilité et concorde nationale. Forts de cette évidente hypocrisie, ils s'étaient convaincus que la manipulation était de salubrité publique. Ils ne voyaient donc aucune malice dans la dé-démocratisation de la société qu'ils avaient entreprise. Au contraire, ils louaient la clairvoyance de leur esprit, protégeant la population de ses regrettables penchants au désordre, lequel nuisait gravement au système qui leur profitait avant tout. Ils s'opposaient fermement aux politiciens flatteurs qu'ils soupçonnaient d'attiser une « *envie de désordre* ». Ils les accusaient de mensonges, les qualifiant de « *populistes* ». Bref, tous s'accusaient de mensonges, et tous mentaient.

Dans un pays où tous les politiques étaient considérés comme menteurs, le mensonge avait fini par appartenir au quotidien. Il était devenu de moins en moins visible parce que de plus en plus présent. On vivait avec, comme s'il était une composante normale des promesses, des déclarations, des enquêtes et, plus généralement, de l'information. On savait que rien ne lui résistait. Il avait tout infiltré, tout dénaturé et poussait dans le vide la société tout entière. Son omniprésence était devenue telle qu'il était parvenu à se couvrir du masque de la légitimité et, par la même occasion, de donner à la vérité un visage repoussant. Aux paroles crues de la vérité, on en venait à préférer celles doucereuses et enjôleuses dont se grimait le mensonge. L'ensemble de la société se trouvait plongée dans un état dépressif, qu'elle tentait de ne pas voir en se précipitant dans les activités de divertissement, comme dans un dernier sursaut de vie. La démocratie était devenue stérile, semblant n'avoir désormais pour seul avenir qu'une des voies tracées par le mensonge. Recroquevillée sur elle-même, tétanisée à l'idée de n'avoir pour perspectives que mirages et illusions, elle était emportée dans la spirale pessimiste d'un avenir rendu impossible par l'état d'esprit ambiant. L'époque était à la confusion élaborée et entretenue.

Au cœur d'un tel paysage, le cynisme fleurissait sur le terreau d'un individualisme particulièrement âpre. Les individus à l'aise dans ce nouvel environnement émergeaient, telles des bulles dans un liquide porté à ébullition. Dans ce désordre, ils s'attachaient à privilégier ce qui leur profitait, sans s'inquiéter que leurs actions encouragent encore la plongée préoccupante de la société dans la désespérance.

Ursy faisait partie de ces « hommes nouveaux » qui, en une époque saine, auraient été écartés de la lumière et du pouvoir, confinés dans un anonymat dont ils n'auraient jamais dû sortir. Ils profitaient de la crise civilisationnelle qui affectait la société pour exister. Comme une lave coulant le long d'une pente, ils se mirent à envahir irrésistiblement les différents lieux de pouvoir. Ils purent étancher leur soif de carrière et nourrir leur narcissisme. Les hommes qui faisaient corps avec le mensonge devinrent les hommes forts de ces temps. Ils savaient rendre leurs desseins, et leur véritable nature, invisibles à la conscience de l'homme ordinaire. Ils l'avaient anesthésiée, sachant évoluer avec aisance dans cet air vicié qu'ils avaient eux-mêmes produit.

Ursy était de ceux qui travaillaient à transformer la réalité pour qu'elle les serve. Chacun d'eux le faisait à son niveau, certains à un niveau national, d'autres, comme Ursy, à des échelons plus modestes. Mais tous avaient cette capacité à manipuler et à mentir, forgée par le même état d'esprit. Ils en avaient fait leur métier et leur compétence. On ne les distinguait entre eux que par leur plus ou moins grande aptitude à agir ainsi.

Longtemps, Ursy avait observé les politiques. Il les sentait faits du même bois que lui. Il avait analysé leur façon de parler, leurs expressions ambiguës, leur langage corporel. Il s'émerveillait de les voir dire une chose avec le corps et le contraire par la parole, de ne jamais prendre position tout en feignant de le faire. Leur absence d'état d'âme, leur capacité à se dédire sans la moindre émotion, leur maîtrise de la manipulation ou encore leur opportunisme, forçaient son admiration. Il les reconnaissait supérieurement intelligents, et avait fait d'eux ses modèles. Il voulait ressembler à ce genre d'homme. Avec bon nombre de ses pairs, Ursy se rêvait en mercenaire. Ces hommes à la vanité hypertrophiée avaient décidé de prendre en main leur avenir, considérant qu'ils avaient trouvé une voie beaucoup plus rapide pour s'élever que celle du respect d'autrui.

Coulanges se rappelait cette parole d'Ursy au cours d'une conversation anodine sur l'attitude d'un politique qui avait défrayé la chronique par son incroyable duplicité. « *Ah... je n'en suis pas encore arrivé à ce niveau* », avait-il dit de façon admirative et le regard brillant. Pareillement, sûr de lui et de son impunité, on entendait souvent Ursy prononcer des propos à caractère diffamatoire sur tel ou tel qui le gênait dans ses actions. Il le faisait avec aisance et riait, tout en ajoutant « *Si l'un de vous le répète, je nierai fermement et je l'attaquerai en diffamation* ». Et il riait. Son auditoire riait aussi, préférant, dans l'hésitation, penser qu'il s'agissait d'humour. Par ces phrases lancées à la cantonade et répétées régulièrement dans un calcul précis, Ursy légitimait le mensonge comme pratique usuelle. Il faisait entrer dans les esprits que son autorité fonctionnelle se doublait d'un pouvoir inébranlable : celui d'être un homme apprécié, parce que jovial, à la position sociale intouchable et ceci d'autant plus qu'il saurait mentir avec aplomb si nécessaire. Un homme dans la pleine jouissance de l'impunité.

Il avait beaucoup observé les politiques démagogues. Ils travestissaient la réalité, et traversaient les décennies sans n'être jamais inquiétés. Il en déduisit que le mensonge était en ces temps, non seulement bien plus rentable que la vérité, mais surtout qu'il se passait d'exigence. Ursy avait donc reconnu sa voie. Il s'était alors mis dans le sillage de ces hommes, fasciné par les carrières parfois foudroyantes de certains. Grâce à eux, il avait appris que la réalité appartenait à ceux qui la faisaient, non à la façon des héros qui l'imprimaient d'une marque historique, mais en la fabriquant. Pour lui, était moral ce qui était conforme à sa réalité. Peu à peu, en se conformant à ce qu'il désirait être, il était devenu étanche à tout scrupule, à tout état d'âme. Au fil du temps, il avait acquis la conviction qu'il incarnait l'homme de son temps et de pouvoir.

Le changement des temps avait conduit le tandem, composé du politique et du haut fonctionnaire du Corps, à se désarticuler. Il se trouvait que les deux ne voulaient plus pédaler ni avec la même force ni dans la même direction. Chacun regardait dans le sens de son intérêt propre, et non dans celui qui aurait dû les dépasser, et qu'ils ne savaient plus voir, l'intérêt collectif. Les deux étaient cependant condamnés à s'entendre, chacun trouvant dans l'autre sa justification et le maintien de sa position. Ne regardant pas dans la même direction, chacun se méfiait naturellement de l'autre. Mais l'un avait l'avantage de pouvoir compter sur le temps, contrairement à l'autre, ce qui lui conférait une supériorité évidente. Le politique, et en particulier le ministre, n'était que de passage. En moyenne, Ursy voyait son ministre de tutelle changer tous les dix-huit mois.

Le ministre faisait la nomination du haut fonctionnaire du Corps. Ce dernier était censé mettre en œuvre la politique du ministre, validée par le gouvernement. Quand les intérêts de chacun s'alignaient, l'attelage avançait. Autrement, il se voyait contraint d'opérer un subtil surplace, voire un recul, à cause de forces de résistance surgissant opportunément. Elles s'opposaient à son avancée jusqu'à l'attente du ministre suivant, un surplace bien organisé pouvant même hâter l'arrivée de celui-ci.

Dans cet attelage surprenant, chacun était l'obligé de l'autre. Il s'ensuivait une étonnante relation de dépendance dans laquelle le véritable maître n'était pas celui auquel on aurait pensé de prime abord. Le plus vulnérable des deux était le ministre. Il se savait de courte durée. Peu lui importait d'ailleurs puisque, la plupart du temps, son but principal n'était pas d'impulser une politique pour le pays, mais plutôt de propulser vigoureusement sa propre carrière. Et pour cela, un court passage restait suffisant. Le haut fonctionnaire, quant à lui, avait tout son temps. Il était le maître réel des lieux et des horloges. Protégé par son statut et par le Corps dont le réseau enserrait silencieusement le ministre, le haut fonctionnaire ne craignait rien. Il lui suffisait d'apprendre la patience. Il pouvait continuer à sourire, le temps lui sourirait prochainement.

Coulanges avait eu l'occasion d'assister à une réunion plénière durant laquelle le ministre avait pris la parole devant un aréopage de hauts fonctionnaires de son administration. Il leur avait explicitement demandé de mettre en œuvre des actions élaborées pour essayer de redresser le fret ferroviaire. La situation était dramatique comparée aux pays voisins. Elle pénalisait l'industrie et favorisait un « tout-camion » contraire aux engagements de décarbonation pris par le gouvernement. L'assistance écouta en silence, applaudit une fois l'allocution terminée, et ne posa aucune question. Ces hommes, très majoritairement du Corps, ne reconnaissaient pas le ministre comme un des leurs. Ils le savaient éphémère, et surtout d'un poids politique mineur. Ils le laissèrent poliment parler, puis repartirent dans leurs régions. Ils avaient fait le déplacement après avoir reçu la convocation expresse du ministre, lui laissant volontiers cette illusion d'autorité. Le temps de mise en œuvre de ces actions dépassait la probable durée restante du ministre à son poste. Plusieurs venaient aussi contrarier certaines potentialités de carrières de ces hommes. Par conséquent, la réunion n'était pas terminée que, dans l'esprit de chacun, ces actions étaient déjà enterrées. Rien ne serait donc fait, et le ministre n'y reviendrait pas. Le Corps avait le vrai pouvoir, celui de faire comme il l'entendait. Le politique n'avait que celui de parler.

Pour Coulanges, tout s'éclairait lorsqu'il comprit que personne à l'intérieur de cette salle n'était dupe. Le ministre savait que sa demande ne serait pas suivie, et l'auditoire savait qu'il ne l'appliquerait pas et que le ministre le savait. Bref, Coulanges avait assisté à une curieuse mise en scène dans laquelle tout avait été soigné pour que l'apparence soit sauve. Le service communication du ministère avait pris soin d'inviter de nombreux journalistes. Ils avaient pu prendre des photos et se voir distribuer à l'issue de la réunion le communiqué de presse préparé à leur attention. Élaboré pour donner l'illusion d'une stratégie et d'une volonté de réformes, il était un florilège des « éléments de langage » habituels. Cette réunion n'avait en réalité pas d'autre objectif que de mettre en scène l'illusion.

Chacun avait joué le jeu dans une répartition bien rodée des rôles et avait assuré le sien avec précision : le ministre en stratège, les hauts fonctionnaires en princes de l'administration et enfin les journalistes en scribes de l'activité du pays. Tous se servaient les uns les autres, mais aussi des uns et des autres. Cette réunion n'était que de la

« *cosmétique* », comme ils se plaisaient à le dire, avec la délectation discrète de celui qui est en train de jouer un bon tour.

Paradoxalement, l'État avait été le grand absent de cette parodie. Ses représentants ne le servaient plus. Il avait, lui-même, été évincé de ce lieu de pouvoir. Ces hommes ne se demandaient probablement plus ce qu'ils devaient à la société. Ils considéraient ne pas avoir de comptes à lui rendre. Et puis surtout, ils se savaient à l'abri. À part le ministre, la société ne les connaissait pas.

Pourtant, ces actions avaient été longuement mûries par un groupe d'experts réputés et fins connaisseurs du domaine. Déplorant l'immobilisme des princes de l'administration, très inquiets du délitement criant de l'activité gérée par ces hommes et de sa répercussion destructrice sur l'économie nationale, ils avaient tenté de leur apporter, une énième fois via le ministre, des solutions aisées à mettre en œuvre. Le fret ferroviaire était capital pour développer les ports. Les mesures proposées étaient d'un coût modeste, et inspirées de la pratique de pays voisins. Elles permettaient d'apporter une réponse efficace et déjà éprouvée à un inquiétant embourbement industriel. Mais ce fut peine perdue. L'échec fut complet. La fabrique de la médiocrité tournait à plein régime.

Ni le ministre ni ces experts n'étaient de taille pour lutter contre la certitude d'acier qui charpentait ces princes. Une conviction, celle d'avoir le monopole du savoir. Ces hommes étaient devenus paresseux de l'esprit, obèses de vanité, goinfres de leur monopole. Tout monopole mène droit à la paresse. Ensemble, ils formaient une grande famille qui se maintenait en lévitation du côté de Sirius, loin des problèmes du monde pour lesquels ils n'éprouvaient qu'indifférence, voire mépris. Une famille qui avait pour seule préoccupation de tenir et de se reproduire. Il fallait donc que rien ne change ; se conserver en figeant tout. Volonté mortifère et promesse d'un inéluctable et violent bouleversement. Au plus profond d'eux-mêmes, ils le savaient certainement, tout en espérant fébrilement n'en être jamais affectés et continuer à jouir longtemps de leur position. Dans leur égoïsme viscéral, ils espéraient que la violence frapperait loin d'eux. Ils feraient tout pour conserver leur situation idyllique, quitte à laisser couler le pays. Ils en avaient les moyens, ils en avaient le cynisme.

Coulanges n'avait jamais vu Ursy penser, véritablement penser, c'est-à-dire analyser avec créativité et liberté une situation. Probablement n'en avait-il ni l'envie ni le besoin, puisqu'il était de ceux qui savaient. Comme Pluchon, il pensait mou, de cette mollesse qui était à la fois paresse et peur de se tenir debout face à la réalité du monde. Son sentiment de supériorité ainsi que sa position sociale lui donnaient le pouvoir de nier tout ce qui était contraire à ses intérêts. Cette illusion de supériorité ne s'affirmait pas seulement à l'égard de ceux qui n'étaient pas du Corps, elle était aussi capable de s'imposer à la réalité dans une hubris absurde.

La relation entre le politique et le haut fonctionnaire du Corps était ambiguë. Elle était faite de sentiments contradictoires et puissants, comme est capable d'en produire le pouvoir. En cette époque, la méfiance qui était au cœur de leur relation se nourrissait à la fois de fascination et de mépris, chacun éprouvant simultanément ces deux sentiments envers l'autre. D'un côté, l'homme du Corps, incarnation de l'élite, méprisait l'homme politique. Il le jugeait incompétent, tout en admirant sa position et son pouvoir. De l'autre, l'homme politique méprisait cette caste de hauts fonctionnaires qu'il jugeait arrogante et manquant d'originalité. Mais il craignait son absence de loyauté et son impunité.

Leur relation était donc d'autant plus scellée dans la méfiance, que chacun savait l'autre manipulateur, et n'être loyal qu'à son seul intérêt.

Ainsi en allait-il de ces hommes au sommet de l'État.

Il arrivait qu'un haut fonctionnaire du Corps mette de côté son mépris du politique pour en devenir un, comme un papillon attiré par la lumière au risque de s'y brûler. Mais de brûlure, il n'en était jamais question. Le Corps le protégeait de tout aléa. En cas d'insuccès, ces hommes qui ne connaissaient pas le risque retourneraient au sein du Corps, qui leur offrait une place ajustée à leur nouvelle dimension d'ancien ministre. Le système, qu'ils avaient eux-mêmes construit, les assurait de toujours gagner. Dans un monde régi par des règles économiques de plus en plus libérales, ceux qui les vantaient ne se trouvaient exposés à aucune d'elles. Il y avait là un des symptômes les plus graves de la maladie qui, d'année en année, affaiblissait le pays. Celui-ci était si affaibli, si manipulé, si exsangue dans sa pensée critique, qu'il ne trouvait pas à s'offusquer de cette hypocrisie de l'élite. Elle ne prenait donc plus la peine de s'en cacher.

On avait vu ces dernières années se multiplier ces allers-retours. Ils étaient à chaque fois de puissantes occasions pour magnifier la carrière. Imaginer que l'homme du Corps s'engageait en politique pour apporter au pays ses convictions et des idées créatrices relevait de l'idéalisme.

Fort de la réussite rapide que son talent de manipulateur avait forgée, il arrivait parfois à Ursy de songer à une activité politique. Ses relations maçonniques lui avaient permis de lier amitié avec les politiques les plus en vue du département, et ce quelle que soit leur appartenance. C'était la force de la franc-maçonnerie de mettre en relation des hommes qui n'auraient eu sans elle que peu de chances de se rencontrer, et de leur offrir des opportunités qu'ils n'auraient pu saisir autrement. Elle n'était plus le lieu de réflexion qu'elle se disait être mais, pour beaucoup et principalement les médiocres, un formidable atout de carrière. Par ces liens secrets, Ursy travaillait à renforcer encore son impunité. Il la voulait totale. Elle était devenue une addiction.

Malgré son attirance pour la politique, Ursy préféra rester à l'écart de la surexposition médiatique et continuer à jouir durablement de sa tranquillité, dans l'ombre délicieuse et ouatée que son statut lui offrait. Il eut la sagesse de ne pas tenter l'aventure.


Un matin, il reçut un coup de fil du cabinet du ministre. On lui indiqua que sous deux semaines il allait embaucher Romain Majorien, un jeune conseiller. Passée la surprise, Ursy se ressaisit, comprenant vite l'opportunité qui lui était offerte. Un remaniement ministériel était annoncé. Même si les chances de Buisson d'être reconduit étaient importantes, celui-ci avait commencé à recaser des membres de son cabinet au sein de la fonction publique ou des établissements publics. Accepter avec enthousiasme la demande assurait la reconnaissance du politique. Ursy s'exécuta et, sans rien connaître de ce Majorien, manifesta son impatience de recevoir à ses côtés un homme certainement compétent. On lui indiqua qu'il recevrait ultérieurement son curriculum vitae. Mais cela importait peu, car l'affaire était entendue. Ce type d'homme d'à peine la trentaine n'avait pas à chercher un travail. Le ministre en avait décidé ainsi. La République était suffisamment riche pour offrir des postes inutiles à des personnes de son choix. Il n'y avait donc qu'à se servir.

Ursy s'empressa d'organiser son accueil, demanda qu'un bureau agréable lui soit attribué, et on bâtit un semblant de mission pour cet homme dont on ne connaissait rien, à part sa photo trouvée sur Internet. Dès son arrivée, Majorien montra une grande aisance. Il descendait de Paris en province, du ministère dans un des établissements de la République, et avait l'assurance de celui qui sait et qui, de surcroît, se comportait comme le propriétaire des lieux. Avec beaucoup d'assurance, il donna des conseils sur la conduite d'activités qu'il ne connaissait pas, justifiant ceux-ci par des considérations macroéconomiques très générales, émaillées de prétendues citations d'hommes illustres. Majorien était sympathique, d'un abord facile, et l'œil pétillant. Séducteur, il avait la flagornerie aisée, même si celle-ci manquait de finesse. Beaucoup crurent reconnaître en lui un « *jeune homme très brillant* ». Néanmoins, quelques-uns, trop peu, n'y virent aucune consistance et ne furent pas sensibles à ces effets qui masquaient vide, orgueil et paresse.

Habilement, le jeune homme joua à construire une légende autour de sa personne, mêlant pêle-mêle un prétendu carnet d'adresses rempli des noms des principaux patrons du CAC 40, une culture approximative et clinquante, et un réseau politique à l'apparence très vaste, mais que personne n'était en mesure de vérifier. Il fallut peu de temps pour que, par le bouche-à-oreille, la légende se répande dans cet univers de province, et fasse de lui « *l'homme à connaître* ».

Majorien, qui avait su négocier âprement son salaire auprès d'Ursy, n'avait cure de la mission qui avait été « bricolée » en urgence pour lui. Sans scrupule, il passait une grande partie de ses journées à lire les rubriques économiques et politiques des quotidiens régionaux et nationaux, renversé dans son fauteuil, les pieds sur le bureau. Il prenait visiblement plaisir à se montrer avec *Le canard enchaîné* ou *Libération*, pensant trouver ainsi le moyen habile de se construire l'image d'un homme libre et de gauche. Le reste du temps, il écoutait, casque audio sur la tête, les discours politiques du jour diffusés sur la chaîne parlementaire. Il avait affiché deux photos dans son bureau. L'une était un photomontage qui, modestement, le représentait en compagnie du président américain dans le bureau ovale. L'autre, en noir et blanc pour donner un caractère intemporel à l'image, le montrait gravissant quatre à quatre les marches de l'escalier d'honneur du Parlement. Majorien exposait sans retenue son ego et se rêvait en Rastignac à la conquête de l'Assemblée nationale. Il ne se cachait pas de préparer les prochaines élections locales, tout en étant confortablement rémunéré dans un poste qu'Ursy avait taillé pour lui, peut-être imprudemment, en ces jours de traque aux emplois fictifs.

Comme Coulanges avait pu l'observer avec Ursy, la grande majorité des salariés avaient sous les yeux une pratique qu'en général ils réprouvaient vigoureusement, mais que la proximité avait rendue plaisante en la personne de Majorien. La corruption n'avait plus besoin de se cacher. C'était peut-être d'ailleurs ainsi, et sous les atours de la sympathie, qu'elle se glissait le mieux dans l'anonymat. Elle s'immisçait dans les habitudes et devenait naturelle.

Lorsqu'il lui restait du temps en marge de ses activités, Majorien se faisait le chroniqueur des actions de ses collègues au sein de l'établissement. Devant un attroupement qui s'en régalait, ou circulant de bureau en bureau, mêlant certitudes et piques d'humour, il distribuait satisfecit et blâmes. Il s'entraînait à devenir un de ces politiques qui en faisaient leur métier, commentant avec brio la vie de leur pays, mais sans rien lui apporter. Ces hommes ne donnaient jamais. Ils n'avaient rien à donner, ou alors c'était pour mieux prendre. Ils prenaient et prenaient par brassées entières. Ils étaient ces hommes qui considéraient la politique et la République comme des domestiques au service de leur personne. Les meilleurs faisaient de la politique une carrière. Majorien en rêvait. Il avait le charisme de celui qui donne l'illusion d'« *aimer les gens* », parce qu'avec fébrilité il attend d'eux leur admiration. Et grâce à ce charme efficace, la plupart la lui apportaient sans attendre. Mais derrière cette illusion, il n'y avait rien d'autre que narcissisme, médiocrité et factice. Le hasard n'avait fait aucune erreur en rapprochant Ursy et Majorien.

Dénué de convictions, celui-ci avait la souplesse requise pour traverser l'échiquier politique en tous sens si, à l'avenir, son intérêt le lui commandait. De toute évidence, il saurait manipuler avec talent. Il était prometteur et comme disait Ursy, « *il sent bien les choses* ».

Avec le regard brillant et une touchante naïveté, Majorien aimait raconter combien il était fasciné par la personnalité des derniers présidents, et comment il avait été saisi par une révélation lorsque, très jeune, il avait croisé le regard d'un futur président lors d'un meeting de campagne. Depuis, il était certain de son destin de président de la République. Alors, il apprenait à être comme eux, jusqu'à les mimer dans ce qui leur avait permis de rester pendant des décennies sur la scène politique française. Il ne cherchait pas à se forger des convictions économiques, éthiques, sociales, ou même philosophiques de la société, et que l'on aurait pu penser préalables à tout engagement national au service des autres. Non, il cherchait à analyser comment imiter ses modèles pour, un jour, être comme eux. Majorien confierait d'ailleurs un jour à Coulanges qu'il avait déjà trouvé son slogan de campagne, pour la « *grande* » campagne. Décidément, l'époque était à la seule apparence. Les idées, le sens, l'engagement n'étaient à ses yeux que des vêtements que l'on enfile, retourne, change et jette. Une telle désinvolture était la marque d'une réelle « *intelligence politique* », comme pouvait le dire Ursy, un brin admiratif au regard de la jeunesse de Majorien. Dans la bouche d'Ursy, l'intelligence politique ne désignait pas une intelligence au service de la collectivité, mais au service de soi-même.

Aussi assoiffé de réussite qu'évidé d'idées, sans vision et sans conviction, étalant sa culture superficielle autant qu'elle le lui permettait, Majorien s'était confortablement installé dans cet emploi rémunéré avec de l'argent public. Au sein du personnel, il avait d'ailleurs rapidement gagné un surnom, « emploi fictif ». Une société saine n'aurait donné aucun avenir politique à ce jeune homme. Mais force était d'admettre qu'en cette époque, et en ce contexte, il disposait d'atouts certains pour réussir.

En côtoyant ce politique en devenir, Ursy confirma pour lui-même qu'il n'avait pas le même feu intérieur. Il ne se sentait pas animé du même désir dévorant de se montrer aux yeux de tous. Il n'aimait pas s'exposer et, surtout, le vote le rebutait. Pour un homme de l'élite, se soumettre au vote était déchoir. Pourquoi prendre le risque de l'aléatoire, alors que le Corps offrait une carrière certaine ? Même s'il se rêvait en grand joueur de poker, il manquait à Ursy la psychologie du joueur, celui qui est capable de tout miser au risque de tout perdre. Majorien était de ceux qui avaient troqué les idées et l'intérêt général contre le frisson du jeu. Il trouvait d'ailleurs dommage qu'Ursy ne s'engage pas en politique. Il avait reconnu en lui un fin manipulateur. Il ne se privait pas de le dire dans les couloirs de l'établissement.

Quelques mois plus tard, la candidature de Majorien aux élections fut couronnée de succès, et il put aborder son premier mandat local tout en restant en poste, celui-ci l'occupant somme toute assez peu. Il reçut immédiatement les félicitations appuyées d'Ursy qui commença à voir en lui un poisson-pilote, voire beaucoup plus.

Il finit de prendre conscience que ce jeune homme lui était littéralement « *tombé du ciel* » et allait se révéler une aubaine. Majorien n'hésita pas à lui ouvrir son carnet d'adresses politiques, ce qui permit à Ursy de le missionner « *en sous-marin* » auprès de politiques dont il cherchait la bienveillance.

Ursy tira encore autre chose de Majorien.

La veille de la démission du gouvernement, Simone Monnereau, conseillère du ministre, avait été propulsée par décret au rang d'inspectrice générale du ministère, sommet de la haute fonction publique. Elle serait désormais en charge de participer à l'élaboration de la stratégie nationale. Cette promotion devait figurer parmi les plus spectaculaires que la République avait pu connaître, puisque Monnereau était initialement assistante administrative dans une petite collectivité locale. Elle avait à son crédit de s'être engagée en politique dans le sillage de son mentor qui, un jour, devint ministre. À la fin de l'aventure, celui-ci fit appel à la générosité de l'État pour remercier ses fidèles amis. La pratique était courante. Il y avait en ces personnes le sentiment tantôt diffus, tantôt pleinement assumé, que la République leur appartenait.

C'est au ministère que Majorien devint proche de Monnereau. Cette femme, au rire assez vulgaire, à la voix abîmée par le tabac, sans relief intellectuel et sans aucune réalisation à son actif, profitait désormais de sa toute nouvelle position. Elle goûtait au plaisir de se laisser courtiser par quelques hauts fonctionnaires, lesquels avaient pu la mépriser quelques années plus tôt. Titulaire aussi d'un mandat de conseillère dans une collectivité locale, elle le céderait un peu plus tard à Majorien qui prit goût à cumuler les mandats.

Majorien assura le rapprochement entre elle et Ursy. Celui-ci cherchait à parfaire son quota de femmes au sein du conseil de surveillance, sans toutefois prendre le risque d'y faire siéger une femme brillante. Il trouva donc en Monnereau la candidate idoine. Poursuivant son œuvre de médiocrité, Ursy mena rondement l'affaire. Monnereau devint vice-présidente aux côtés de Thireau. Elle fut ravie et Thireau, flatté.

Avec les débats sur l'égalité homme-femme, les femmes étaient devenues une nouvelle « *donnée* » pour les nominations. Ursy se méfiait d'elles. Il avait résolu cette équation à sa façon : il nommait des femmes à des postes aux titres ronflants, mais inutiles. Il ne prenait pas de risque, et elles s'en trouvaient honorées. Souvent, il lui arrivait d'ajouter en petit comité en fanfaronnant : « *Ça aurait été dommage de s'en priver !* ».

Ursy contempla sa création et confirma son appréciation de lui-même. Il était d'une intelligence supérieure. Le duo Thireau-Monnereau à la présidence diluerait dans sa médiocrité toute velléité du Conseil de surveillance. C'était parfait.

Celui-ci avait pour mission de contrôler la gestion de l'établissement et d'en valider l'orientation stratégique. Ses membres étaient principalement issus du monde politique et de la haute fonction publique. Lorsqu'il avait compté les francs-maçons, dont Baron qui siégeait en tant que représentant du personnel, les membres du Corps, et enfin Thireau et Monnereau, Ursy disposait déjà d'une confortable majorité. Les autres hauts fonctionnaires étaient issus de deux services différents du ministère de Bercy. Ils étaient chargés de remonter au cabinet du ministère leur avis sur la gestion menée au sein de l'établissement et, curieusement, de se surveiller l'un l'autre. Deux ou trois chefs d'entreprises éminents siégeaient aussi. Lorsqu'un représentant du gouvernement les avait sollicités pour devenir membre du Conseil, ils avaient accepté sans hésiter. Ils imaginaient des débats passionnants autour de la stratégie d'un des outils industriels majeurs de l'État. Mais, en peu de temps, Coulanges put saisir dans leur regard l'effarement qui progressivement les avait envahis à l'écoute des débats. Certains s'épanchèrent auprès de lui et confièrent leur ahurissement. Ils semblaient parachutés dans un univers étrange, régi par des règles d'un autre monde. L'argent y avait une valeur tout artificielle, les débats étaient préparés à l'avance, les représentants de Bercy étaient tournés en ridicule, et enfin la novlangue administrative permettait de se concentrer sur les questions de forme pour éviter le fond. De stratégie, il n'en était jamais réellement question. Ou alors nourrie d'idées reçues et de stéréotypes éculés que l'on répétait d'année en année, tout en prenant l'air sérieux de ceux qui sont bien informés. Et toujours, Thireau terminait les discussions, se félicitant de présider une assemblée à l'esprit si brillant. Ce petit monde se complaisait dans une étonnante apesanteur, par arrogance pour les uns, par ignorance pour les autres. Tous se sentaient protégés par l'État, ou par le Corps, et entendaient continuer à vivre bien, à l'écart de la réalité. Pour parfaire l'ironie, dans ce groupe, convaincu de sa propre excellence, chacun semblait disposé à donner des leçons à l'ensemble du pays, voire au-delà.

Ursy avait réussi au-delà de ses ambitions. La machine à manipuler fonctionnait à merveille. Il les avait achetés, servant leurs faiblesses secrètes : pour les uns la paresse, pour d'autres la médiocrité, ou l'ego, ou un marché public, ou un privilège, ou plus simplement quelques flatteries… et tous se trouvaient comblés, certains votant les délibérations sans plus ouvrir les dossiers mis au vote.

Autour de la table, les politiques n'avaient qu'un seul intérêt : le retour sur investissement électoral de chaque subvention qu'ils attribuaient à l'établissement. Ils habillaient chacune d'entre elles d'un verbiage technocratique, composé comme une écriture automatique dans laquelle quelques mots semblaient incontournables, tels qu'« *emploi* », « *vivre ensemble* », « *avenir* », « *solidarité* », « *territoire* », « *innovation* », etc. Ces hommes avaient pour seule créativité l'assemblage de ces mots, quels que soient les sujets. Ils jouaient au mécano en se donnant des airs de stratèges. Coulanges les observait produire ces phrases d'un air assuré, presque hautain. Il voyait comment ces politiques s'habillaient avec morgue de leur langage dénué de sens.

Mais les années passant, ils y parvenaient de moins en moins, essouf-flés par leur manque de pensée, de travail et d'humilité. Le vernis qui masquait l'indigence intellectuelle et visionnaire de ces petits dieux, lesquels distribuaient l'argent public comme s'il leur appartenait, craquait de plus en plus.

Au milieu de ce concert d'autofélicitations, un seul avait perçu que ces apparences de facilité masquaient certainement quelque chose d'anormal. Un seul posait des questions. Un seul essayait de comprendre. Paulze de la Huppe de Rochalembert d'Elyrac était missionné par Bercy. Petit-fils de marquis, mais héritier désar-genté d'une des plus vieilles familles de la noblesse française, cet énarque avait une apparence ingrate et l'élocution compliquée. Contrairement à nombre de ses collègues du Conseil, il semblait peu enclin à être manipulé, car dénué d'orgueil ou d'envie de carrière. L'anémie critique dont il était témoin au cours des séances le renfor-çait dans son intuition que l'image de ce directeur était non seule-ment artificielle, mais aussi usurpée. Il est des hommes sur lesquels la manipulation ne prend pas. Ursy ne put étendre son emprise sur lui. Rochalembert était incorruptible. Il était fait de ce bois neutre, imputrescible, qui n'était pas sensible aux tentations qu'Ursy avait l'habitude d'agiter discrètement et par lesquelles tant se laissaient complaisamment séduire. Un homme qui n'accordait aucun intérêt au « costard » était l'ennemi des manipulateurs.

Ursy avait compris que Rochalembert prendrait son temps. Il finirait par trouver une brèche. Il allait devenir dangereux. Mais Ursy n'avait pas de prise sur Bercy. Aucun membre du Corps n'y était. Alors, dans un premier temps, il s'employa à ridiculiser cet homme pour le décrédibiliser, sans succès. Rochalembert n'y fut pas sensible et continua à chercher. Ursy en fut passablement contrarié. Il ne pouvait imaginer être découvert, et encore moins par un individu sans aucune allure. Par chance, il finit par trouver au sein du Corps un homme qui allait créer une passerelle avec Bercy, et en particulier avec la hiérarchie de Rochalembert. Un coup net fut porté. Et Rochalembert fut neutralisé. Il pourrait désormais écrire sur Ursy toutes les notes qu'il voulait au sein de Bercy, il ne serait pas cru, et encore moins suivi. Enfin, Ursy fit en sorte que les énarques le considèrent comme une anomalie en leur sein. Son allure de vieille France déguenillée n'était pas acceptable. Il était une insulte à tous ses pairs et, plus généralement, à tous les hauts fonctionnaires. La caste surpuissante ignora ce mouton noir qui leur ressemblait si peu.

On ne se mettait pas en travers de la route d'Ursy.

Ursy se sentait intouchable. Face à la baie vitrée, il goûtait un moment de vraie jouissance, contemplant l'océan dans la lumière du couchant. Le monde lui souriait. Il ferma les yeux et se laissa envahir de paix. La paix du vainqueur. Après quelques instants, lui vint à l'esprit un détail qu'il avait remarqué sur le revers de la veste du préfet, lors de la dernière séance du conseil de surveillance. La dernière fois qu'il l'avait vu en réunion à la préfecture, il ne l'avait pas. Le liseré rouge de la Légion d'honneur. Le détail était minuscule, se voulait discret, mais Ursy n'avait vu que lui sur la veste anthracite. L'effet était parfait, qui plus est modeste. Il en imposait et obligeait au respect.

Chevalier ! Chevalier de la République ! Il s'y voyait.

Maintenant il la voulait, cette médaille. Il ne manquait pas de mérites à faire valoir. Si le préfet l'avait, il devait l'avoir aussi. Il n'y avait pas pensé plus tôt. La prochaine fois qu'il verrait le préfet, il lui en parlerait.

Doucement, il se laissa entraîner par une rêverie qui le projeta le jour de la remise de médaille. C'était bon. Il était au centre des regards, dans la plus belle salle de la ville, louée par l'établissement.

Et l'air crépitait des applaudissements. Il était Chevalier, élite parmi l'élite. Noblesse parmi la noblesse. Un homme d'honneur.

« Cette distinction n'a pourtant pas besoin d'une nouvelle poitrine comme celle d'Ursy. Elle a été suffisamment abîmée par tant d'autres avant lui », aurait pu se dire Coulanges. Pour l'heure, il avait entendu le double signal envoyé tacitement par Ursy à propos de Rochalembert : « Ceux qui ne sont pas avec moi sont contre moi » et « Ceux qui imaginent me résister disparaissent ».

Résister, c'était essayer d'aller au-delà du mensonge ou essayer de faire exister un peu l'État. Trop droit, Rochalembert, trop indifférent à ce qui pouvait briller. Ils étaient peu nombreux comme lui. Trop peu. Coulanges était de ceux-là. Il n'avait pas beaucoup d'illusions sur ce qu'Ursy pensait réellement de lui désormais. Pour le moment, Ursy n'avait aucun prétexte pour lui faire du mal. Coulanges savait qu'il ne ferait rien directement. Comme toujours, Ursy s'attacherait à ne laisser aucune trace, et continuerait à paraître jovial et sympathique aux yeux de presque tous. Mais Coulanges était désormais certain qu'il le ferait. Ursy avait montré sa détermination à détruire tout ce qui pouvait être une menace pour son impunité.

# Chapitre 12
# Corrompus

*« La République a payé du reniement de ses hauts fonctionnaires l'une de ses plus fâcheuses défaillances. Elle avait négligé de surveiller leur recrutement, d'assurer elle-même leur formation ; ils ne l'ont pas défendue. »*

Jean Zay
*Souvenirs et solitude*

En vingt ans, alors que l'activité des ports français avait augmenté de 0,25 %, sur la même période, le commerce maritime mondial s'était développé de 100%. Pour qui acceptait de se poser des questions, et considérait que l'argent public de la cinquième puissance du monde devait être géré en « bon père de famille », cette situation ne pouvait nourrir que stupéfaction et colère.[32]

Des dizaines de milliards d'euros ayant été injectés dans les ports français, discrètement on s'accusait à tour de rôle d'être la cause du désastre. Dans quel trou noir cet argent avait-il pu tomber ? Les directeurs pointaient du doigt le syndicat historique lequel, vexé

---

32. Le port d'Anvers (Belgique) voyait sur cette période son activité augmenter de 83 %, et le port de Rotterdam (Pays-Bas) de 46 %. Ce dernier représentait à lui seul plus de 130 % de l'activité de tous les ports français réunis !

d'être ainsi stigmatisé, leur retournait la critique avec virulence, et répondait par des grèves. Avec amusement, Ursy appelait ces passes d'armes régulières, qui bloquaient tout ou partie du pays et détruisaient son économie, du « *théâtre* ». Bien souvent, après quelques noms d'oiseaux échangés et les supplications des clients au bord de la faillite pour que le travail reprenne, les directeurs et le syndicat finissaient par s'entendre sur le fautif présumé. Dans un premier temps, étonnamment, ils se mirent à désigner les clients. Puis, prenant conscience de l'incongruité de leur accusation, ils se ravisèrent et pointèrent l'État. De la sorte, on ne nommait personne et tout le monde se trouvait blanchi. On accusait l'État d'avoir failli à sa mission de stratège. Ces hommes du Corps criaient à la défection de cet Etat incapable d'avoir une stratégie, sans prendre la pleine mesure qu'ils se pointaient eux-mêmes du doigt.

De la sorte, les années pourraient encore se suivre dans la douce sérénité qu'offraient, d'un côté, les situations confortables et les promotions des membres du Corps et, de l'autre, les avantages inouïs obtenus par le syndicat historique. La magie de ce fonctionnement bipolaire permettait à chacun des deux pôles de se maintenir sans limites de temps, et de prospérer dans une subtile complicité. Le premier justifiait ses piètres résultats par l'existence du second, et le second justifiait ses combats par le fonctionnement du premier. Bref, la machine était bien huilée.

Curieusement, le ministère poursuivait la diffusion de communiqués de presse affichant toujours la même autosatisfaction de l'État. Sa politique maritime tonitruante assurait que la conquête du monde était en marche. Le ministère était « *déterminé* ». Les objectifs étaient magnifiques. Ils annonçaient des lendemains grandioses. Inconscience ou supercherie ? Dans l'esprit de ces hommes de la haute administration française, il suffisait apparemment de faire un vœu naïf pour que le monde se plie à leur désir. On allait donc voir ce qu'on allait voir, et... on ne vit rien. De toute façon, plus personne n'y croyait, ou seulement ceux qui ne savaient pas. Mais on jouait à se faire plaisir, à s'imaginer stratège et à gagner du temps. Ainsi en allait-il dans le pays à la plus belle façade maritime d'Europe, et dans la seconde puissance économique européenne.

Dans les coulisses, on s'interrogeait. Un peu seulement, et jamais sous la forme d'une remise en question. Le constat était accablant. Il n'avait pas besoin de longues explications. Il parlait de lui-même. Pouvait-on conclure autre chose que la totale remise à plat du système ? Dans un environnement normal, la conclusion aurait été évidente. Mais le monde du Corps n'avait rien de *normal.* Vivre de l'héritage du passé et des richesses restantes du pays faisait largement consensus. Il n'était pas question de changer quoi que ce soit. La raison était simple : les hommes du Corps étaient les meilleurs. La remise en question n'avait donc aucune pertinence. Et, à supposer qu'elle en ait une, comment opérer puisque les hommes du Corps occupaient tous les postes concernés ? Ils avaient ainsi pris soin de contrôler, sans exception, toutes les positions de la chaîne hiérarchique, du cabinet ministériel jusqu'aux ports. Chacun était ainsi évalué par un de ses pairs. Finalement, le décideur décidait pour lui-même de son poste, de son avenir, des moyens dont il disposait, et accessoirement de ses avantages. On n'avait jamais inventé mieux et plus confortable.

Cependant, les rapports critiques s'accumulaient. Ce furent d'abord des commissions sénatoriales ou parlementaires, puis des enquêtes de la Cour des comptes. Tous les organes de vigilance élaborés pour s'assurer du bon fonctionnement de la démocratie furent mobilisés durant ces années. La plupart du temps, il se trouva qu'elles furent opportunément confiées à des octogénaires sans influence. On feignit de les considérer comme de grandes autorités. Ils en furent reconnaissants, trouvant là peut-être encore une dernière occasion d'exister. Chacun se rendait service. On troquait de la bienveillance contre de la flatterie. Certains, plus lucides que d'autres, ne cachaient pas qu'ils se faisaient peu d'illusion sur la destination de leur travail. Le plus souvent, leur rapport trouvait effectivement la poubelle sans être lu.

Combien de fois Coulanges n'avait-il pas entendu Ursy s'exclamer, avec l'assurance de celui qui connaît bien le système : « *La Cour des comptes, on s'en fout !* ». Il était à ce point sûr de lui qu'il l'affirmait sans la moindre retenue. Il se « *foutait* » de tout ce qui était censé contrôler son activité avec le mandat du peuple. À la décharge d'Ursy, légère toutefois, Coulanges avait eu l'occasion d'assister à une de ces réunions d'audit menées par un haut fonctionnaire de la Cour des comptes. Ce dernier avait transformé ce temps d'audit en un long monologue personnel et plaintif. Il s'était lamenté, trois heures durant, de la réduction du nombre de postes causée par une récente réforme. L'évolution de sa propre carrière s'en trouverait pénalisée, et le constat était suffisamment essentiel pour qu'il le partage avec ses interlocuteurs d'un jour, en lieu et place de son audit.

Ce pays si puissant, qui donnait avec tant d'arrogance des leçons à l'ensemble de la planète, avait des hauts fonctionnaires qui, en toute impunité, n'avaient cure de rendre des comptes.

Après toutes ces années, il fallut bien cependant donner l'illusion de lancer des mesures correctrices afin d'éviter un éventuel scandale, au cas où un journaliste besogneux aurait l'outrecuidance de ne pas se contenter des communiqués officiels. Il était difficilement explicable qu'un des moteurs économiques potentiellement le plus puissant du pays soit en panne depuis des décennies, et engloutisse des sommes colossales, dans un marché mondial pourtant ultra dynamique.

On demandait des efforts importants aux Français alors que ce qui aurait dû être une pépite, pourvoyeuse de richesses considérables, ne rayonnait pas plus qu'un vulgaire morceau de charbon.

Ces hommes du Corps qui se partageaient les grands ports du pays, prompts à se faire photographier comme des légendes chez Harcourt, pratiquèrent ce qu'ils savaient faire de mieux : l'immobilisme dans le changement.

Comme toujours dans ces conditions, on réinventa les réformes qui se concentrent sur la forme et oublient le fond. Le Corps n'allait pas scier la branche sur laquelle il était confortablement installé. Une demi-douzaine de réformes se succédèrent en une vingtaine d'années, et autant de plans de relance. Entre eux, ces hommes décidèrent d'injecter encore des milliards d'euros. Mais les résultats restèrent les mêmes, et les hommes aussi. On continua à produire des communiqués d'autosatisfaction. L'un après l'autre, ils vantaient une stratégie à vingt ans, nouvelle et *enfin* ambitieuse, que l'on modifiait intégralement trois ans plus tard. Tout allait cependant bien pour ces hommes, et le pays tournait en rond, consommant en vain les milliards que la génération suivante paierait sans contrepartie.

Dans ce contexte de réforme et de pseudomodernisation, certains eurent l'intuition que l'opportunité leur était donnée de se bâtir une image de capitaine d'industrie et d'illustre représentant à l'étranger de la « maison France ». En la saisissant, ils réduiraient certaines critiques qui commençaient à devenir blessantes. Elles étaient encore timides, mais il fallait empêcher qu'elles n'en drainent d'autres, attisées dans l'ombre par la jalousie d'un autre corps d'État.

Ils pensèrent à la Chine.

Elle était la destination magique pour nombre d'entrepreneurs désireux d'accroître l'épaisseur de leur carnet de commandes. Un eldorado regorgeant de marchés aux perspectives infinies, vers lequel se pressaient du monde entier ceux qui voulaient prendre part à la fête.

La Chine concentrait la croissance et le futur. C'était le lieu où il fallait se rendre. Et, pour ceux qui voulaient se donner une image d'homme d'affaires, il fallait y être vus. Ceci n'avait pas échappé à Ursy.

Il n'avait pas de clients en Asie et peu hors de l'Europe. Il ne se déplaçait jamais pour aller rencontrer ses clients, cependant l'idée d'aller en Chine, sous couvert de prospection commerciale, lui avait paru lumineuse. Il gagnerait en stature mais, surtout, il avait toujours rêvé de voyager en Asie. Comme à son habitude, le contribuable serait malgré lui généreux.

Ursy contacta un de ses pairs et ami, pour lui proposer de l'accompagner, lequel accepta aussitôt. Lecouvreur avait été nommé par Buisson quelques années plus tôt dans un port de taille moyenne, au sein d'une région dont le président était un adversaire politique du ministre. Tout en respectant la sacro-sainte réservation de ce poste à un membre du Corps, en choisissant Lecouvreur, il avait, semble-t-il, sélectionné le candidat le moins charismatique, le plus obtus et le moins capable. Certains l'avaient soupçonné d'avoir ainsi habilement glissé un fruit avarié dans le panier de son concurrent pour dégrader les résultats de la région, avant les futures élections.

Les deux amis présentèrent aux politiques locaux leur projet de démarcher des clients en Chine. Enchantés, les politiques s'enflammèrent et, à l'unisson dans un lyrisme touchant, ils encouragèrent la démarche qu'ils qualifièrent, sans craindre le ridicule, de « *chasse en meute* ». Chacun y allait de son analyse économique, faite de bribes d'idées toutes faites ou de clichés et, dans l'excitation, se hasardait imprudemment à des prospectives miraculeuses, imaginant de la sorte récupérer les bénéfices de la « *chasse* », si d'aventure elle venait à réussir.

La « *meute* » s'envola pour Shanghai. Elle y avait préparé, avec l'aide du consulat, quelques rencontres avec des chefs d'entreprises chinois. Il fallait soigner la mise en scène. Ursy imaginait déjà la photo : assis à côté d'un Chinois tout sourire, chacun signant un document dans un parapheur. Peu importait que le document soit vierge ou sans intérêt. De toute façon, ni lui ni Lecouvreur ne parlaient anglais, et encore moins chinois. L'important, c'était la photo. Une fois qu'elle fut prise, Ursy s'empressa de la diffuser sur les réseaux sociaux. En légende, il annonçait la signature d'un partenariat avec une entreprise chinoise. Partenariat, le mot à la mode qui ne voulait rien dire. Ursy ne prenait pas de risque. Dans un mois, tout le monde aurait oublié le nom de la société chinoise, mais Ursy avait d'ores et déjà gagné le costume d'homme d'affaires. Le rendement était optimal et le « costard » encore plus beau.

Les politiques furent ravis. Ils avaient leurs héros. Tous « likèrent » sans tarder et chacun y alla de son commentaire enthousiaste avant de partager à leurs « followers ». La meute avait chassé. Elle pouvait désormais prendre du bon temps au pays du Levant. Les deux héros visitèrent pendant quelques jours. Après une semaine, il fallut penser à rentrer. Ils se séparèrent à l'aéroport, car Lecouvreur souhaitait faire une halte à Tahiti. Il montait aussi un partenariat avec le port de Tahiti, sans qu'aucune liaison commerciale ne puisse s'imaginer entre celui-ci et le port qu'il gérait. Tout l'intérêt d'un partenariat était qu'il devait s'entretenir au fil du temps, sans être redevable d'un objectif. De cette façon, Lecouvreur se garantissait d'agréables séjours pour les années à suivre.

Il n'eut cependant pas l'occasion d'en profiter autant qu'il l'avait souhaité. Durant les mois qui suivirent, son arrogance démesurée commença par agacer quelques hautes figures locales. Buisson avait vu juste concernant Lecouvreur, mais il ne pensait pas que celui-ci manquerait à ce point d'intelligence. Ce dernier s'opposa frontalement à un ancien premier ministre peu habitué à une quelconque opposition, en ayant rarement connue dans sa vie. La tension entre les deux hommes monta, sans que le haut fonctionnaire obtus accepte de plier devant le politique historique. Sûr de son impunité, Lecouvreur s'offrait le luxe de mépriser ceux qui n'étaient pas de son avis. Il resta paisible malgré les coups de boutoir que le politique furieux porta sans succès contre lui. Le Corps était plus fort. Lecouvreur se maintint imperturbable. Mais, mois après mois, la situation devint cependant intenable pour lui. La fronde commençait à se faire violente. C'est alors que le Corps exfiltra Lecouvreur en lui assignant une mission nouvelle. Il fut question un temps de le nommer à l'inspection générale, dans laquelle il aurait pu faire valoir son expertise, élaborer la stratégie nationale et auditer ses anciens collègues. Mais c'est un poste opérationnel et stratégique qui fut préféré pour lui.

Lecouvreur laissa une situation calamiteuse et une activité économique exsangue. Durant son passage, l'établissement avait perdu 30 % de son activité. Mais là où un cadre supérieur en entreprise aurait été licencié sans ménagement pour dix fois moins, lui pouvait poursuivre, couvert d'une impunité d'acier. Le monde du Corps était merveilleux.


Au fil des décennies, cette élite avait perdu tout réalisme. Elle profitait sans retenue de sa position. Et probablement même le faisait-elle sans conscience, révélant une situation bien plus grave encore.

Souvent, Coulanges et quelques-uns de ses collègues s'interrogeaient ensemble discrètement, comme les figurants impuissants d'un spectacle désolant. Ils savaient que ce n'était pas seulement le fait d'individus isolés, car les exemples étaient nombreux et variés. Le comportement de ces maîtres de l'illusion nourrissait une rancœur acide autour d'eux. On en parlait, on se racontait les histoires les plus extravagantes les unes que les autres, mais leur pouvoir et leur impunité connue de tous les protégeaient pour quelque temps encore. Au fil des années, leur impunité en était venue à créer une légende autour de ses hommes. Ils semblaient intouchables, mais ce sentiment nourrissait une indéfectible colère chez l'homme ordinaire confronté, lui, aux réalités de la vie. Leur façon d'être agissait comme une corrosion sur les fondations du pays. Une action lente, silencieuse, presque invisible. Elle rongeait, fragilisait jour après jour, jusqu'à détruire tout ce qui fonde une société pacifiée. Lorsque ses effets commenceraient à être criants et plongeraient le pays dans la crise, alors on s'alarmerait et on parlerait de « *danger pour la démocratie* ». Puis, on demanderait avec insistance à l'homme ordinaire de faire des efforts, beaucoup d'efforts.

Dans de tels moments de crise, le pays aurait besoin d'une élite forte, parce que respectée. Mais, confrontée au risque de perdre ce qu'elle avait patiemment accumulé depuis des décennies, cette élite s'agiterait pour sauver quelques apparences et autres privilèges. Par égoïsme, elle ne ferait alors que précipiter la catastrophe.

Des journalistes, le plus souvent indépendants, parlaient régulièrement de corruption. Parmi la population, au début, on trouvait ce mot inutilement exagéré, inadapté au pays. On le refusait même. On se rassurait en se disant que le pays était démocratique, si différent d'autres en voie de développement. Il fallait exorciser ce mot si lourd de sens. Les médias exagéraient certainement pour s'attirer de l'audience. Alors, on répétait que ces propos de journalistes étaient inutilement alarmistes. Un pays comme la France ne pouvait abriter la moindre corruption. Mais les enquêtes commençaient à livrer leurs résultats et des indices internationaux classaient les pays en fonction de la corruption. Il fallait se rendre à l'évidence. La maladie avait gagné le pays. Bien sûr, le sujet était tabou au sein de l'élite, et plus généralement parmi ceux qui avaient le pouvoir. Un esprit corrompu refusera de se reconnaître atteint par cette maladie honteuse. La gangrène avait commencé par la tête, longtemps glorieuse en donnant au pays sa noblesse et son rayonnement. En attaquant l'élite, elle toucha les institutions, puis les valeurs du pays.

Lorsque l'élite professait le « costard » plutôt que les idées, l'immobilisme plutôt que l'innovation, le mimétisme plutôt que le courage, la médiocrité plutôt que l'excellence, le mensonge plutôt que la vérité, la compromission plutôt que l'exigence, lorsqu'elle ne servait plus, mais se servait goulûment au banquet de l'État, lorsqu'elle n'avait que faire de la place de son pays au bal des nations et pouvait le sacrifier pour la carrière, alors elle était corrompue. La corruption glorifiait l'intérêt particulier, et n'avait que faire du collectif. Pour masquer et pour justifier cette trahison dont elle s'était rendue coupable par intérêt et par lâcheté, cette élite se complut dans l'apparence, affaiblit les institutions et permit l'inévitable dissolution des valeurs qui avaient fondé la République. La trahison n'en fut que plus redoutable. Silencieuse, invisible comme un lent pourrissement intérieur, elle avait tout envahi et progressait sans complexe.

Ursy et Lecouvreur n'étaient que des individus lambda et sans relief, au comportement typique de leur caste, et malheureusement si répandus que la société s'y était habituée, faute de mieux. Ces hauts fonctionnaires n'étaient que le produit d'un système qui les avait choisis, formés et installés à vie. Pour gagner en pouvoir, il leur demandait de le renforcer, en échange de quoi il leur assurait l'impunité absolue et une vie protégée. Après quelques années d'observation, Coulanges savait désormais de quoi souffrait son pays.

Quelque temps plus tard, il en eut une nouvelle confirmation particulièrement amère. Amère parce qu'elle lui vint de l'étranger. Au-delà des frontières, ceux qui avaient eu à traiter commercialement avec Ursy ou ses pairs étaient parvenus depuis longtemps aux mêmes conclusions. Ils avaient dû prendre leurs dispositions. Coulanges le découvrit lorsqu'il se rendit au plus grand salon professionnel d'Europe pour la logistique. Il avait lieu chaque année à Munich et rassemblait, dans une organisation impeccable, les acteurs les plus importants du domaine. C'était le lieu où il fallait être pour se tenir au courant des innovations et faire des affaires. Ni Ursy ni aucun de ses pairs n'avaient pu venir. Ils avaient préféré assister à leur réunion parisienne qui se tenait au même moment. Coulanges fit connaissance avec divers représentants des entreprises présentes, venant de Belgique, d'Autriche, des Pays-Bas, d'Allemagne, de Hongrie, de Russie... Mais, souvent, il eut la désagréable surprise de constater que son interlocuteur cherchait à clore la conversation au moment où celui-ci comprenait qu'il était Français. Il continua cependant ses prises de contact, jusqu'au moment où il se trouva face au stand imposant d'une multinationale allemande, leader dans le domaine. Un slogan accrocheur illustrait une carte s'étalant de l'Espagne à l'Oural pour dire fièrement, avec une multitude de points lumineux positionnant ses clients, l'omniprésence de l'entreprise. Sur la carte, à la place de la France, seul pays traité de la sorte, figurait une zone noire. Coulanges interrogea le directeur. D'un abord avenant, quand celui-ci comprit d'où venait Coulanges, il se mit à arborer un sourire ironique, puis il lui dit :

– Tant que vous aurez ces hauts fonctionnaires qui se prennent pour des stars mondiales et donnent des leçons à tout le monde, nous ne mettrons plus les pieds en France. Nous travaillons avec tous les pays d'Europe, mais avec la France, c'est impossible. Alors, nous n'essayons plus.

Coulanges essaya de l'intéresser sur un projet qu'il voulait développer. Mais, l'autre resta inflexible.

– Votre idée est excellente. Mais je vais être direct avec vous. À cause du ministère et des hauts fonctionnaires, nous n'avons pu construire aucun projet en France. Ces hommes savent tout, c'est insupportable. Au final, ils bloquent tout.

Coulanges le remercia de sa franchise et repartit, sonné, dans les allées du salon. Il venait de recevoir le camouflet le plus cuisant de sa carrière. Ici, il était ostracisé en tant que Français, et cela à cause de cette élite dont un étranger venait de lui dire ce qu'il en pensait.

À la suite de cet Allemand, Coulanges rencontra un Belge, puis un Hollandais. Ils tinrent des propos similaires. Le Belge raconta comment, quelques mois plus tôt, il était allé proposer une opportunité historique à un des pairs d'Ursy. Pour seule réponse, ce dernier lui asséna qu'il saurait faire beaucoup mieux sans lui. En conséquence, dépité, le Belge se tourna vers un port étranger qui s'empara immédiatement de la bonne affaire. Son chiffre d'affaires s'envola, et celui du port français stagna.

Coulanges en fut meurtri et rentra en France. Quel sens y avait-il à servir ces hommes qui rongeaient le pays ? La situation était pire que ce qu'il imaginait.

Même devant de telles évidences, comment l'impunité de ces hommes du Corps pouvait-elle encore les protéger ?

Pourtant, le ministre disposait d'un service chargé de l'éclairer sur la stratégie à adopter ainsi que de l'informer sur le bon fonctionnement des directions et établissements qui dépendaient de lui. Composé d'hommes du Corps, ce service était donc chargé d'une mission de contrôle.

Le tour de passe-passe, toujours le même, consistait à donner l'apparence d'un contrôle pleinement indépendant. En réalité, le contrôle avait lieu *entre amis*. Des hommes du Corps contrôlaient des hommes du Corps. Dès lors, au gré des carrières, le contrôlé d'un jour pouvait devenir le contrôleur un autre jour, et réciproquement. Ou bien, le contrôlé pouvait devenir le supérieur du contrôleur. Ou encore, le contrôlé était un ami personnel du contrôleur.

Bref, on restait prudent puisqu'entre amis. La situation était confortable et peu génératrice de stress. À l'occasion d'un incident ou d'une promotion éclair, il se trouvait aussi que ce conseil s'enrichit de personnalités telles que Monnereau, Lecouvreur, ou d'hommes du Corps en fin de carrière et se déclarant « *usés* ».

Au final, Ursy et ses pairs pouvaient « *se foutre* » de ces missions de contrôle, comme Ursy s'en était vanté sans aucun scrupule concernant la Cour des comptes.

L'important était garanti : on ne changeait rien et le système ne changerait pas. Et, au pire, si un changement était demandé, le talent serait subtilement de le transformer en apparence de changement. Ainsi, quoi qu'il advienne, tout était maîtrisé et les postes toujours réservés dans un entre-soi protecteur.

Les rapports, toujours parfaitement rédigés, pouvaient s'entasser. Ils avaient comme principal intérêt d'occuper ceux qui les rédigeaient. Le ministère pourrait continuer à diffuser des communiqués de presse d'autosatisfaction. En vingt ans, le développement du commerce maritime mondial était proportionnellement 400 fois plus important que celui de la France. Le reste de l'Europe en avait largement profité et avait ainsi pu créer des dizaines, voire des centaines, de milliers d'emplois. Les professionnels étrangers avaient suffisamment à faire avec la forte croissance du commerce maritime de leur pays, pour venir en France s'occuper de quelques miettes et affronter l'immobilisme.

Mais, curieusement, cela ne semblait pas émouvoir grand monde. Du haut de leur citadelle, les hommes du Corps riaient et contrôlaient la situation. La France semblait encore riche, l'argent continuait de couler à flots. Tout allait donc encore pour le mieux.

Le contraste entre le fonctionnement bien huilé dont il était témoin et le silence assourdissant du ministère, voire son contentement, laissait Coulanges, et quelques-uns de ses collègues, démunis. Le bateau était ivre, avançant à la dérive, la coque fraîchement repeinte, le pavillon claquant fièrement au vent, mais sans moteur dans la salle des machines.

L'arrogance n'avait pas besoin de moteur pour exister. Elle se suffisait. Elle était elle-même le moteur. Elle tenait lieu, à elle seule, de stratégie et l'impunité la justifiait.

Il fallut bien cependant produire une réelle stratégie. Le parlement venait enfin d'adopter une loi qui l'exigeait. Pour la cinquième puissance mondiale, se doter d'une stratégie économique permettant à ses ports de profiter de la manne planétaire, ruisselant partout sauf sur ses côtes, semblait finalement une nécessité.

Ursy dut en produire une. Conscient de son absence de vision, il ne pouvait pas prendre le risque de l'exposer aux yeux de tous par un document indigent. Il décida de sous-traiter l'élaboration de sa stratégie à un cabinet de conseil, sous prétexte d'un agenda surchargé. Il se trouvait qu'il avait récemment œuvré pour que siège au Conseil de surveillance, suite à une vacance imprévue, une femme à belle allure et directrice d'une société de conseil. Comme il savait le faire, il procéda à un appel d'offres et celle-ci fut déclarée lauréate. Peu importait que son domaine de compétences soit ailleurs, Ursy voulait que ce soit elle. Il y trouvait manifestement de nombreux avantages, dont celui de disposer d'une alliée lorsqu'il faudrait soumettre la stratégie au vote du Conseil de surveillance. Au passage, aucun de ses membres ne s'émut de l'évident conflit d'intérêts. En observant la façon cavalière qu'avait Ursy de résoudre ses difficultés, Coulanges dut reconnaître, une fois de plus, le talent opportuniste de son directeur. Il avait un don évident pour transformer toute situation en une opportunité personnelle.

Le plus inquiétant restait cependant l'incapacité d'Ursy à construire une stratégie. Tellement occupé aux manigances de carrière, aux manipulations diverses et à ses tours d'illusionniste, il se révélait incapable de projeter son établissement dans le futur. Il est vrai que la seule lecture d'*Astérix et Obélix* prédisposait difficilement à prendre conscience des grandes tendances économiques, sociales, environnementales et technologiques qui étaient à l'œuvre pour transformer la planète dans les deux décennies suivantes. Ursy n'avait aucune ambition pour son pays. Il avait eu cette réplique méprisante quand Coulanges l'avait informé de sa participation à une réflexion nationale, suite à la sollicitation d'experts de haut niveau et encouragée par le gouvernement : « *N'importe quoi ! Mais tu t'imagines quoi ? Tu veux sauver la France ?* ». Et il éclata de rire pour manifester le ridicule de son collaborateur.

Cet homme ne s'intéressait pas à la marche du monde, ni même à celle de son pays. Il n'en éprouvait pas l'intérêt puisqu'il savait. Il ne montrait pas de curiosité pour ce qui se passait au-delà des frontières puisque la bureaucratie était son seul univers. Il ne savait qu'administrer. Façonné pour cela, son diplôme ne l'avait pas sélectionné sur sa capacité à inventer ou à innover, mais pour reproduire encore et encore les mêmes schémas de bureaucrate frileux, les mêmes méthodes, les mêmes réflexions et les mêmes réflexes étriqués d'interprétation du monde. Il était un homme peureux du monde, tétanisé à l'idée de sortir de la bulle ultra-protectrice du Corps pour se confronter à la réalité. Démuni de toute créativité, et fuyant l'originalité, incapable d'innovation, il s'attachait à faire illusion. Il n'ouvrait pas les fenêtres sur le monde, mais les refermait pour s'en protéger. Ursy était le résidu d'une lointaine époque, le fossile d'un temps où le pays dominait, s'imposait par son arrogance au reste des nations, et pouvait donner des leçons. Incapable de se réformer parce que trop vaniteux, il n'avait appris de son époque que les techniques de manipulation. Il n'était qu'un tartuffe sans vision, un fossoyeur d'avenir.

Pourtant, cet homme avait été installé à cette place. Il fallait côtoyer ces hommes pour comprendre cette aberration. La vérité était triste. On ne demandait pas à Ursy de créer des ponts entre son pays et le monde, mais d'être un expert de l'administration à la française. Ces hommes auraient dû être des conquérants, semblables à ceux que Coulanges avait pu croiser à l'étranger. Mais ils étaient choisis pour n'être que les gardiens de leur citadelle, les virtuoses de la procédure ou les tacticiens des circuits administratifs. Ils n'étaient qu'une élite égocentrée, sans projet pour leur pays.

Lorsque la consultante termina son travail et remit sa proposition de stratégie à Ursy, celui-ci s'attacha à vérifier qu'elle comportait ce qu'il fallait d'écologie, d'éthique et de parité homme-femme. À vrai dire, il se moquait éperdument de tout cela, mais l'occasion était idéale pour s'affirmer en pleine résonance avec son temps. Il fallait aussi afficher des engagements forts sur la période la plus longue possible.

Sa proposition avait vraiment beaucoup d'allure. Elle avait pensé à tout.

Il regarda les objectifs opérationnels. Ils étaient très ambitieux, irréalistes même. Ça plairait au ministre et aux politiques locaux. Il était ravi. Ils aimaient ça. Peu importe les objectifs, pourvu qu'ils brillent. Là aussi, plus c'était gros et mieux c'était. « Qui sera là pour vérifier dans vingt ans ? », se dit-il en souriant, satisfait de se sortir habilement de cet exercice administratif qu'il jugeait sans intérêt.

Il avait maintenant « *coché la case* », comme il disait. Il pouvait passer à autre chose, satisfait de lui. Encore une fois, il avait manœuvré avec succès.

En son for intérieur, il riait. « C'est tellement simple ! se disait-il, un jeu d'enfant quand on a compris. L'essentiel n'est pas d'être utile ou d'être bon, mais d'être malin. » Il se sentait grandi, définitivement différent de l'homme ordinaire, loin du monde commun. Et, avec le cynisme dont il était désormais fier, il ajoutait pour lui-même sur un ton ironique : « Je laisse aux autres l'envie d'être utiles, si ça leur fait du bien ».

# Chapitre 13
# Vers la Légion d'honneur

*« Taire la vérité, n'est-ce pas déjà mentir ? Qui ne gueule pas la vérité, quand il sait la vérité, se fait le complice des menteurs et des faussaires ! »*

Charles Peguy
*Cahiers de la quinzaine*

Ursy gardait à l'esprit la rosette qu'il avait vue sur le revers gauche de la veste du préfet. Depuis quelque temps, cet insigne occupait chaque jour un peu plus son esprit. Dans les réunions au ministère ou dans les cocktails, son premier regard désormais se portait droit sur le cœur de ses interlocuteurs. Jusqu'alors, il n'avait jamais pris conscience combien nombre de ses collègues hauts fonctionnaires avaient reçu la médaille des hommes d'honneur. Il en éprouva un certain stress. Il se rassura, constatant qu'ils étaient plus âgés que lui. Mais il ne lui fallait plus perdre de temps.

Pourquoi n'était-il pas décoré, lui aussi ? Comment avait-on pu ne pas penser à lui ?

Il résolut de concentrer ses efforts pour l'obtenir. Elle serait désormais sa priorité absolue. Il savait, lui, qu'il méritait d'être magnifié aux yeux de tous.

Il regardait avec envie ces hommes décorés. Il admirait en eux la suffisance détendue de ceux qui n'avaient plus rien à prouver, et à qui il suffisait d'apparaître pour imposer le respect. Il se reconnaissait dans cette *race* d'homme. Étonnant comment ce minuscule ruban pouvait avoir autant d'effet. Il n'avait pas besoin d'explication pour galvaniser les regards dans les soirées. Ursy voulait lui aussi apparaître avec le ruban, et sentir sur sa personne les regards envieux, admiratifs et respectueux.

Il profita d'un cocktail organisé à la mairie pour s'entretenir seul quelques minutes avec le préfet.

– Je tenais à vous féliciter, dit Ursy au préfet avec un geste discret vers la rosette. Elle est amplement méritée.

– Je vous remercie. Je suis très touché. C'est une grande joie en effet. Le ministre me l'a remise il y a dix jours lors d'une cérémonie en petit comité dans les locaux du ministère.

Un serveur passa à côté d'eux avec un plateau de coupes de champagne. Chacun tendit le bras pour se servir. Ils trinquèrent.

Ursy résolut d'être direct. Il avait peu de temps en aparté avec le préfet.

– C'est une décoration magnifique. Je suis très heureux qu'on ait pensé à un homme comme vous. Le département s'en trouve honoré, et l'établissement que je dirige par la même occasion.

– Je m'efforce de rester humble, lui répondit le préfet avec un ton faussement modeste, en portant la coupe à ses lèvres. Cette décoration nous oblige avant tout à l'humilité quand on prend conscience des hommes illustres qui nous ont précédés. Le monde entier nous envie cette grande et belle tradition. Elle contribue au prestige de la France.

– Il n'y a pas de doute. Ce dut être une belle émotion quand le ministre vous l'a accrochée à la boutonnière.

– Oui, très émouvant, dit le préfet lentement.

Puis, son regard brilla et il se mit à fixer Ursy.

– Dites-moi, cher ami, vous semblez très intéressé. Je me trompe ?

– Comme tout citoyen qui aime et veut servir son pays, répondit Ursy, soulagé que le préfet lui pose directement la question.

– Oui, bien sûr. Ils se font rares de nos jours, ces hommes-là.

– Pour ce faire, je travaille dur de midi à minuit.

L'œil du préfet se mit de nouveau à briller.

– C'est la pierre angulaire de toute réussite, répondit-il.[33]

Le préfet laissa passer quelques secondes, puis ajouta en laissant se dessiner un léger sourire :

– Vous avez le profil, mon cher. Si vous accomplissez quelque chose d'important pour le pays, je vous proposerai à votre ministre. Quelque chose d'important et qui m'intéresse, bien sûr. La parole d'un préfet est de poids pour ce genre d'affaires.

– Ce serait pour moi un très grand honneur.

– Je pense que vous en avez les moyens. Vous avez les épaules larges. Notre département a grand besoin de beaux projets.

À ce moment de la conversation, le maire de la ville s'approcha d'eux et les interrompit. Il souhaitait la confirmation du préfet concernant la promesse de l'État de favoriser par des aides importantes l'implantation d'un industriel dans l'agglomération. Sans pourtant avoir rien fait, il s'en attribuerait, comme d'autres, la réussite lors de la prochaine campagne municipale. Ursy laissa les deux hommes et préféra s'éclipser pour rejoindre le buffet. Il venait de faire un grand pas en avant. Il avait obtenu la réponse qu'il attendait. Le préfet l'aiderait. Ils étaient frères.

---

33. Par ces deux répliques, Ursy et le préfet se reconnurent francs-maçons.

Tout en piochant dans un plateau en argent couvert de petits-fours chauds aux coquilles Saint-Jacques, au foie gras ou aux asperges, il réfléchissait aux dernières paroles du préfet. En lançant un grand projet, il atteindrait son but. Par ricochet, il favoriserait celui du préfet, du maire, et d'autres politiques. Il n'y avait pas meilleur moyen pour se faire d'excellents *amis.*

Ursy reprit une coupe de champagne et savoura la perspective qui s'ouvrait devant lui. Les simples mots du préfet avaient eu sur lui le même effet qu'une drogue. Mais, ils lui offraient cependant bien plus qu'une vulgaire drogue. Ils étaient l'ouverture sur le bonheur. Tous les sacrifices possibles, passés et à venir, se trouvaient justifiés. Il se sentait fort, vivant, vainqueur. Il était heureux, pleinement. Comment aurait-il pu définir le bonheur autrement que par cette certitude d'appartenir aux « *happy few*[34] » de ce monde ? Le Corps était un sésame pour ce groupe fermé et prestigieux. Fermé, parce que le bonheur ne pouvait appartenir à tous. Il fallait des privilégiés pour que le monde tourne, pour qu'il soit beau et riche. Il fallait des élus pour que les autres existent. En somme, il fallait des hommes comme lui pour que le monde soit monde. Ursy y croyait sans la moindre hésitation.

Le préfet le tira de ses pensées.

– Je suis désolé, Paul, j'ai dû apporter quelques informations à notre maire. Il me semble avoir de grandes chances pour sa réélection.

– Je vous en prie. J'en ai profité pour goûter à ce délicieux buffet et réfléchir à ce que vous m'aviez suggéré.

– Avant d'oublier : vous savez probablement que notre maire travaille aux mêmes horaires que vous.

---

34. Les rares personnes privilégiées. Voir aussi Shakespeare : « We few, we happy few, we band of brothers » (*Henry V* – iv, 3).

– Tout à fait, nous nous retrouvons régulièrement. Je l'apprécie beaucoup, tout comme notre récent député. Lui, il est chez nos cousins de la GLF[35].

– C'est presque de notoriété publique tellement il ne s'en cache pas.

Le préfet marqua une pause et regarda autour de lui. Puis, il reprit :

– Vous ne m'en voudrez pas, j'ai aussi glissé à notre maire que vous réfléchissiez à un vaste projet de développement. Je pense qu'il va vous appeler. Il m'a paru très excité par cette idée, glissa le préfet avec un ton plein de malice.

– Vous ne perdez pas de temps ! lui répondit Ursy avec humour.

– C'est parce qu'il n'y a pas de temps à perdre. Nous avons tous à y gagner. Proposez et je vous suivrai. Il ne faut pas tarder.

– C'est entendu. Je vais en faire ma priorité et mettre mes équipes sur le sujet.

– J'oubliais. Buisson vous écoutera avec intérêt. Il a les régionales à préparer. J'ai cru comprendre que la Région l'intéressait. Il en a assez du gouvernement. Il veut revenir sur ses terres. Il va avoir besoin de se présenter comme un recours. Il m'a demandé de préparer le terrain.

Ursy savait que les deux hommes étaient des proches. Le préfet était passé par le cabinet ministériel de Buisson quelques années auparavant.

– Quel sera son thème de campagne ? demanda Ursy.

– Le développement économique, principalement. Il faut redonner de l'espoir aux gens et leur faire espérer des emplois. Avec ici un taux de chômage à près de 12%, ça va être du billard.

– Ça me paraît clair, répondit Ursy, qui entrevoyait l'opportunité incroyable qui lui était donnée. Il venait de comprendre que le préfet

---

35. Grande Loge de France

le mettait dans le sillage de Buisson. Il n'y avait pas mieux pour transcender sa carrière.

– Donc emploi, emploi et emploi. On martèle. Votre projet devra être la référence pour la région. N'ayez pas peur d'avoir la main lourde. On ne l'est jamais assez dans ces circonstances, dit le préfet d'un ton ferme, presque cassant.

– Là-dessus, j'ai ma petite idée...

– Et vous nous ajoutez ce qu'il faut de vert et d'éthique. Pareil, vous en mettez des couches. C'est sans limites.

– Pas de problème, je sais faire. Reste que les écolos sont très excités. Nous l'avons vu dernièrement...

– Raison de plus. Ceux-là, ils ne vont pas encore nous emmerder. Il y a trop d'enjeux. Ils refusent tout compromis. C'est insupportable ! Cette fois-ci, on ne les laissera pas faire.

– Je peux essayer de les intimider, souffla Ursy.

– Pourquoi pas, mais sans trace.

– Entendu, répondit Ursy.

– Et la presse, vous la tenez ?

– Je fais mon affaire de Faraud. Il écrira ce qu'il faudra.

– Vous le tenez bien ?

– Sa femme est dans les effectifs de l'établissement. Il ne prendra pas de risque. Et puis, il est facile à manipuler. Il a besoin d'être cajolé. C'est un hypersensible, dit Ursy en souriant.

– Autre point. Votre président, mettez-le dans un placard le temps de la campagne. Il fait bourde sur bourde.

– Je sais bien, mais je vous rappelle qu'on l'a choisi pour n'en rien attendre. Depuis quelque temps, c'est vrai, il se sent pousser des ailes. Il va finir par nous causer des ennuis. Je vais lui donner un os à ronger.

– Il faudra le proposer pour l'ordre du Mérite. Ça le calmera.

Le préfet marqua une courte pause puis reprit :

– Bon, je crois que nous avons fait le tour de la question, dit-il d'un ton satisfait.

Il tendit le bras pour reprendre une nouvelle coupe de champagne. Puis, il ajouta en regardant Ursy :

– Je vois que vous tenez bien votre sujet. Maintenant, vous avez les cartes en main. Je compte sur vous. Proposez-moi quelque chose de complet d'ici un mois, nous n'avons pas beaucoup de temps.

Les deux hommes se séparèrent. Le préfet alla rejoindre le directeur local de la Banque de France, et Ursy ressentit le besoin de prendre l'air, tout à la joie de ce qui lui était promis. Le chemin devant lui ne serait certainement pas un long fleuve tranquille mais, jusque-là, tout lui avait réussi. Il n'y avait pas de raison que ça change. À part les écologistes, a priori il maîtrisait tout.

En rentrant à son domicile, il profita de la longue promenade dans les rues typiques du centre-ville pour se concentrer sur ce qu'il savait faire de mieux : lancer la machine à calculs. Ne rien laisser au hasard. Et avancer. C'était jouissif. Son esprit se mettait à passer au scanner tout le possible, à le décortiquer, à en extraire chaque situation, chaque échéance, chaque individu. Puis, il affectait individuellement à toutes et à tous un niveau de risque ou d'opportunité. À partir de là, il calculait le meilleur chemin. Il n'y avait plus de considérations humaines, mais seulement une série de potentialités, le rapprochant ou l'éloignant du but fixé. Dans la vie, certains avançaient guidés par l'amour, l'amitié, ou la rancœur. Lui n'avançait qu'en mesurant les rapports de force autour de lui. Opérant avec la froideur du médecin légiste, il savait dépecer le réel pour y trouver ce qu'il cherchait, à savoir répondre à la question : telle personne, telle situation, tel argument, risque ou opportunité ? Quand le talent de manipulateur s'associait à une telle vision de la vie, le monde devenait mécanique, uniquement composé de rouages. Il suffisait de tourner les bons rouages, et la carrière prenait de la vitesse. Les plus talentueux parvenaient à jouer cette partition toute leur vie, à collectionner les médailles et à occuper les postes les plus décisifs du pays, portés par une réussite reposant sur le factice.

Cette nuit-là Ursy dormit peu, le cerveau bouillonnant de ses calculs. Le projet qu'on l'incitait à lancer allait transformer le paysage et, immanquablement, polluerait le parc naturel situé à proximité. Les mentalités n'acceptaient plus un tel prix à payer pour développer l'activité économique. Il savait qu'il rencontrerait une opposition. L'affaiblir et la marginaliser était la condition de sa réussite. Il ne reculerait pas devant les méthodes à employer. Sa nouvelle vie allait se jouer sur ce projet.

Dès le petit matin, impatient, il se leva, se prépara et fila à son bureau.

L'opposition viendrait de Bouzy.

Il était le président d'une association environnementale s'opposant à toute forme d'activité industrielle polluante dans la région. D'un caractère entier et courageux, son intransigeance pouvait être brutale. À la retraite depuis peu, il profitait de sa position pour s'attaquer à ce qu'il appelait « *l'establishment* », le considérant responsable de la dégradation du patrimoine naturel. À plusieurs reprises, en ciblant Ursy d'une manière à peine voilée, il avait exprimé dans la presse son aversion pour les hauts fonctionnaires que, sans nuances, il jugeait carriéristes, irresponsables et sans états d'âme.

La nuit de réflexion avait convaincu Ursy qu'il ne fallait laisser à Bouzy aucune marge de manœuvre. Le projet allait cristalliser les énergies écologistes. Dès lors, nul doute que Bouzy ferait de son opposition au projet un combat exemplaire. Quant à Ursy, il avait horreur des affrontements, surtout quand son adversaire était déterminé. Craignant la prise de parole publique et le débat, quel qu'il soit, il était paralysé par le conflit. Prendre les devants et réduire Bouzy au silence serait sa priorité avant de lancer le projet. Mais comment faire ? Il n'avait personne sous la main pour l'intimider. Noiron n'était plus là. Il allait lui falloir trouver un moyen pour porter un coup fatal à Bouzy.

Un homme sans courage n'a pas plus d'honneur. L'idée d'indignité était étrangère à Ursy. Il ne la comprenait pas. Ursy désirait la Légion d'honneur, sans connaître l'honneur.

Il était loin ce temps où l'impeccable droiture était la marque de fabrique des hommes d'élite. Ceux-là n'avaient pas besoin de masque. Ils servaient leur pays.

Ursy convoqua Coulanges :

– Vincent, je t'annonce que nous avons une opportunité géniale ! Nous allons pouvoir transformer le port pour le projeter dans le futur.

– C'est surprenant, toutes les idées que j'ai avancées il y a dix-huit mois ont été refusées.

– C'est vrai. Mais la différence maintenant, c'est que c'est politique, répondit Ursy avec une réelle excitation.

L'expérience de ces dernières années avait appris à Coulanges que l'expression « *c'est politique* » signifiait, en langage technocratique, qu'un politique de haut niveau l'exigeait pour des raisons personnelles. Il n'y avait pas d'accélération plus efficace pour un projet, quel que puisse être son réel intérêt.

– C'est-à-dire ? poursuivit Coulanges.

– Buisson veut un grand projet.

– Qu'appelles-tu un grand projet ?

– Je ne sais pas trop. Je dirais cent millions.

– On n'aura jamais le budget ! réagit Coulanges, en se rappelant qu'il n'avait pas réussi à faire valider par Ursy un projet très utile et pourtant cent fois moins coûteux.

– Le financement, on s'en fout ! On l'aura.

– Bon, d'accord, si tu le dis. Et on présente quoi comme projet ?

– Je ne sais pas moi. De l'impressionnant, du vaste, quelque chose qui « *claque* ». Il faut montrer de l'ambition, que ça bouge. Il faut projeter le port dans le futur. C'est pas mal ça d'ailleurs comme slogan.

– Mais Paul, le port n'a plus les clients pour cette dimension de projet. Tu le sais bien, tous les gros clients sont partis à Anvers, répondit Coulanges dépité.

– Encore une fois, les clients, on s'en fout ! C'est politique, je te dis. Et comme ça, Bercy ne nous emmerdera pas avec le retour sur investissement. Mais bon, on pourra toujours faire un business plan bidon.

Puis il ajouta :

– Propose-moi un projet pour dans quinze jours. Je répète : de l'ambitieux, et du cher. Et j'oubliais : tu mets une bonne dose de vert. Des trucs innovants écolos. Ça fera plaisir à nos amis qui nous veulent du bien. Tu te rappelles le nichoir à oiseaux de Pluchon, avec son tas de cailloux au milieu du rond-point ? On l'a mis sur toutes les plaquettes et depuis je passe pour le grand défenseur des oiseaux ! La bonne blague ! Eh bien, tu me trouves un truc comme ça, mais en plus fort bien sûr.

– En parlant des écologistes, tu sais qu'on ne pourra pas faire de grands travaux sans toucher au parc naturel.

– Écoute, je te le dis, pour les écolos, ne t'en occupe pas, j'ai quelques idées. Et puis franchement, ces espèces protégées du parc, tu les trouves belles, toi ? C'est n'importe quoi. On marche sur la tête. Ils ne comprennent rien à l'écologie, moi je sais ce qu'il faut faire. On nous parle de biodiversité qui disparaît, mais on s'en fout de la biodiversité !

Puis il ajouta, fanfaron :

– Dans la poche, les écolos... Je vais demander à Pluchon d'aller les voir pour qu'il leur fasse une douce « câlinothérapie ». Les vieux, il les endort comme il faut. Ils boivent tout ce qu'il leur raconte. Moi, je ne peux plus les supporter tous ces retraités qui s'emmerdent et n'ont pas d'autre chose à faire que de nous emmerder avec l'écologie. Que des ratés ! J'imagine qu'il doit bien y en avoir un parmi eux qui a un fils à embaucher, ou un autre qui peint des croûtes le dimanche et qui aimerait les vendre. On pourra même lui organiser une exposition de peinture, et les lui acheter dix fois le prix, s'il faut aller jusque-là ! Si ça peut leur faire plaisir et surtout qu'ils nous foutent la paix... ajouta Ursy en éclatant de rire.

Coulanges ressortit du bureau, lassé. Les mois passant, semaine après semaine, il était toujours plus écœuré de ce qu'il entendait sortir de la bouche de son directeur. Il était fatigué par la suffisance d'Ursy, ce mépris même plus voilé des règles, et cette certitude que tout opposant ne l'est que dans la perspective d'être acheté. Cet homme sans colonne vertébrale, parce que corrompu d'esprit, concevait donc la corruption d'autrui comme un mode normal d'action. Bien sûr, elle n'apparaissait jamais comme telle. Il savait la maquiller sous des formes plus nobles et altruistes.

Coulanges marcha lentement dans le couloir jusqu'à son bureau, poussa la porte, y entra, posa ses affaires et s'assit. Il repensa à la conversation qu'il venait d'avoir et se répéta pour lui-même : « Et dire qu'il dépend du ministère de l'Écologie... Cet homme est dangereux ». Depuis qu'il avait appris qu'Ursy avait voulu recruter une prostituée pour se venger de Kerdot, Coulanges ressentait une crainte diffuse lorsqu'il était à son contact. Connaissant la propension de son directeur à user du sordide avec naturel pour se dégager d'une situation indésirable, la perspective de ce nouveau projet et, surtout, de ses enjeux, ne laissait présager rien de bon.

Avec un large sourire qui disait toute la bonté de cette femme, Frédérique entra, un parapheur à la main. Plongé dans ses pensées, Coulanges sursauta. En voyant son visage, elle s'arrêta net et lui demanda :

– Vincent, quelque chose ne va pas ?

– Non, rien de grave, je réfléchissais.

– Oui, c'est ce que j'ai vu. Des soucis ?

– Aujourd'hui, non, mais demain peut-être...

Avec Frédérique, il n'était pas nécessaire de parler beaucoup pour se comprendre. Elle savait interpréter avec finesse ce que valait chaque silence ou inflexion de voix. Il était convaincu qu'elle avait compris pour Ursy, mais ils n'en avaient jamais parlé ensemble. Il aurait voulu raconter à tous ce dont cet homme était capable, mais il se l'interdisait, par loyauté. Cette loyauté non négociable, exigée des cadres supérieurs jusqu'à leur demander de couvrir des pratiques inqualifiables. Quelques signes minuscules, quelques allusions ou phrases non terminées, quelques soupirs échangés suffisaient pour dire déjà beaucoup à autrui. Frédérique n'était pas dupe, c'était certain.

Coulanges savait qu'un jour sa lassitude atteindrait un seuil au-delà duquel sa conscience l'obligerait à publier ce qu'il rédigeait déjà depuis tout ce temps. Pour l'heure, il réunit autour de lui les compétences nécessaires et organisa la description de ce que pourrait être ce projet.

À l'issue des quinze jours, il présenta à Ursy les grandes lignes du projet de travaux. La transformation serait majeure, et coûterait environ cent millions. Elle allait conduire à une modification profonde du paysage, ainsi qu'à une destruction partielle de la faune et de la flore du parc naturel. Ursy fut ravi de la présentation. Au vu de l'état d'avancement, il sut qu'il serait dans les temps pour en parler au préfet. Il demanda cependant à Coulanges plus d'actions *vertes*, pour plaire aux politiques et pour *masquer* l'impact que les travaux allaient avoir.

– Tout cela me paraît très bien. Il nous reste à raconter une histoire pour que tout cela soit compris comme nécessaire. Je vais demander à Rainer. Il saura nous inventer ça avec une dose de géostratégie mondiale. C'est toujours du meilleur effet. Les politiques vont adorer et, d'un coup, je renvoie les écolos au Moyen Âge.

Rainer était un ami d'Ursy, patron d'une société de consulting basée à Paris. Lorsqu'Ursy ne savait pas résoudre une question, il se tournait systématiquement vers lui.

– Ah ! J'oubliais le plus important. Tu as calculé le nombre d'emplois générés ?

– Oui, environ 1000, et c'est en comptant les emplois induits qui gonflent très largement le résultat.

– Quoi ? C'est tout ? C'est beaucoup trop peu !

– J'ai pris la méthode officielle validée par l'INSEE[36] et que j'ai adaptée à ce cas. L'autre est mauvaise, on le sait.

– Pas si vite. L'autre, elle donne combien ?

– 3600, mais nous savons que c'est faux et très surestimé.

– Il n'y a que nous deux à le savoir, n'est-ce pas ? Donc, tu vas afficher 3600 emplois sur la présentation. Euh... non ! 4500 ! C'est beaucoup mieux, ça sonne fort. De toute façon, personne n'ira voir comment on aura calculé tout ça, pas vrai ?

– Paul, on ne peut pas mentir à la population et au Conseil de surveillance. On ne va pas faire comme pour le bilan carbone du projet !

______________

36. Institut national de la statistique et des études économiques

– Ah, tu ne vas pas recommencer avec tes histoires de mensonges et de vérité. Si on fait tout ça, c'est pour la bonne cause ! Tu ne le comprends pas ? Nous sommes au service du territoire, au service de la population afin que chacun puisse disposer d'un emploi digne. C'est notre grande mission.

– Sur ce dernier point, je te rejoins, mais pas en trompant tout le monde.

– Et alors ? Si je te le demande ? Tu ne crois pas que tout le monde trompe tout le monde ? Eh bien, oui, si tu n'as pas compris qu'aujourd'hui pour réussir il faut tromper, et mieux que les autres, tu as encore beaucoup de choses à comprendre…, dit Ursy en regardant son collaborateur droit dans les yeux et en laissant planer quelques secondes de silence.

Puis, il reprit avec enthousiasme, comme en préparant un discours de campagne :

– Il a de la gueule ce projet ! 100 millions d'euros, 4500 emplois créés ! Les écolos ne résisteront pas à ce déluge de bonnes nouvelles. La population ne les suivra pas. On les aura et on passera ! Le préfet et Buisson vont adorer ! Impecc !

Il s'arrêta pour réfléchir et ajouta :

– Finalement, au lieu de 100 millions d'euros, tu écriras 80 millions.

– Mais … le projet coûtera 100 millions.

– On s'en fout ! Ce sera plus facile pour le financement. On corrigera en cours de route et on dira que c'est à cause de la conjoncture internationale.

Il y eut un temps où Coulanges avait été sensible au discours grandiloquent sur les emplois et le « *service au territoire* ». C'est en côtoyant Ursy qu'il comprit son aveuglement, ainsi que la puissance de la manipulation, capable d'enrôler des hommes et des femmes honnêtes sur un chemin malhonnête, et de les faire adhérer à une action allant à l'encontre de leur propre conviction. Derrière le décor de théâtre de la création d'emplois, se jouaient avant tout les intérêts personnels de quelques-uns.

Ursy n'avait toujours pas trouvé quoi faire avec Bouzy. Il ne savait pas comment le « *gérer* ». Il allait devoir affronter cet homme compétent sur le terrain des idées. Il en avait horreur. Il s'en ouvrit au préfet lorsqu'il lui présenta le projet. Bouzy s'était déjà opposé à des travaux d'envergure et, plusieurs fois, avait contraint les autorités à des reculades peu glorieuses. Par sa rigueur, son intégrité morale et son charisme, il était devenu un épouvantail pour tous ceux qui, dans l'exercice de leur activité industrielle, choisissaient le profit plutôt que le respect de l'environnement. Avec sa petite association composée d'hommes et de femmes de bonne volonté, tel David allant combattre Goliath, il s'opposait à des organisations démesurément plus importantes. Il était une autorité à lui seul, comme une démocratie vivante doit le permettre. La qualité première de Bouzy était sa combativité. Il était un homme de conviction et avait une foi ardente dans la justesse de son action. En un mot, l'antithèse d'Ursy.

Mais, le préfet choisit de se concentrer sur les emplois créés par le projet. Il fut conquis par l'ampleur de la création d'emplois annoncée. Il avait trouvé en Ursy l'homme de la situation. Son efficacité et sa parfaite compréhension des enjeux étaient à saluer. Il s'en souviendrait. « Ces hommes du Corps sont aussi de qualité », se dit-il.

– Quel nom avez-vous donné au projet ? demanda le préfet.

– « *Gagner l'avenir !* » répondit Ursy qui, pris au dépourvu, inventa ce slogan. Il avait le ridicule des slogans de parti politique en panne d'idée neuve.

Restait la question du financement. Le préfet le promit. Il avait le quitus de Buisson qui se faisait fort de l'assurer.

Anticipant les arguments de Bouzy qui ne tarderaient pas à pilonner le projet et à montrer ses incongruités environnementales, Ursy inonda la ville d'affiches et de plaquettes. Dessus y figuraient les deux nombres du projet : 80 millions d'euros et 4500 emplois. Ils occupaient toute la première page. Il voulait les marquer au fer rouge dans l'esprit de la population. Ursy réunit ses salariés et leur détailla les éléments de langage :

– Vous êtes tous les apôtres du projet ! « Gagner l'avenir », c'est notre projet et le projet du territoire. Répétez-le autour de vous, encore et encore. C'est le futur du port qui est en jeu, le futur de vos emplois, votre futur et celui de vos familles.

Et, à la manière d'un politique à la tribune, il ajouta cette formule démagogique :

– C'est ensemble que nous gagnerons l'avenir !

Médusé parce qu'il en connaissait les dessous mensongers et grotesques, Coulanges écoutait le discours incongru de ce haut fonctionnaire. « Jusqu'où cet homme est-il capable d'aller ? » se demanda-t-il. Au plus profond de lui-même, à peine audible, la voix de sa conscience lui souffla : « Jusqu'au pire ».

Jour après jour, les prises de parole d'Ursy le frappaient de plus en plus. Leur nette similitude avec les discours d'hommes politiques de rang national avait de quoi l'intriguer. Derrière les arguments avancés, il commença à distinguer une même méthode, une même arrogance, un même mépris : faire de la création d'emploi un paravent derrière lequel agir à sa guise. Ces hommes, à l'abri de tout risque, jouaient avec la création d'emplois sur l'esprit de l'homme ordinaire, comme les phares de voiture sur les lapins en bord de route. Ils voulaient mettre autrui dans un tel état de sidération qu'ils n'auraient plus ensuite qu'à le mener où bon leur semblait.

Sans surprise, après avoir analysé la description complète du projet, Bouzy émit de virulentes critiques, chacune reposant sur des vérités scientifiques. Elles étaient solidement argumentées, référencées et étayées par des raisonnements solides. Une partie de la presse locale s'en empara et commença à faire front contre le projet. Refusant d'être confronté au débat, Ursy réagit comme il savait faire : il entreprit de salir Bouzy.

Faraud fut appelé à la rescousse. Il proposa une interview au détracteur du projet, lequel s'y prêta sans se méfier, pensant disposer d'une tribune pour ses arguments. Il comprit le piège qui lui avait été tendu seulement quelques jours plus tard. Le journal publiait en pleine page un prétendu verbatim de l'interview, dont le seul objectif était de tronquer les paroles de Bouzy, ou de les sortir de leur contexte, et d'anéantir ses arguments. Faraud avait malicieusement ajouté une photo prise pendant l'interview, sur laquelle Bouzy semblait en peine de s'exprimer, le regard hébété. Le tour était joué. Dès la lecture de l'article, Ursy exulta et appela Faraud pour le remercier. Ce dernier, heureux de ce qu'il interpréta comme un signe d'amitié, cria à Ursy : « *Tu as vu ce que je lui ai mis au vieux ? Il est mort maintenant ! Il l'a bien cherché. Quel con !* ». Bouzy s'étant légitimement ému de cet article mensonger par une lettre ouverte, Faraud qualifia ensuite Bouzy « *d'écrivain raté* », de « *faux scientifique* », de « *retraité sénile* » et enfin « *d'abruti* » pour clôturer le tout. La médiocrité d'Ursy avait définitivement contaminé la presse.

Grâce à Faraud, Ursy pensa en avoir fini avec ce Bouzy et rouler désormais vers le succès. Mais quelques activistes d'une association prestigieuse prirent le relais et manifestèrent bruyamment contre le projet à proximité de l'établissement. Plutôt que d'aller leur parler et d'ouvrir la discussion, Ursy alla trouver Kerdot en profitant d'un prétexte. Au détour de banalités, il évoqua les manifestants et le risque grave qu'ils faisaient courir sur les emplois. Et, sans transition, il demanda à Kerdot de réunir des ouvriers et « *d'aller casser la gueule aux manifestants, pour leur apprendre à jouer avec les emplois du port* ». Bien plus rusé que Faraud, Kerdot ne répondit pas. Mais, en quittant Ursy, il appela le responsable des Renseignements intérieurs et lui fit part de la demande du directeur. L'information fut transmise dans la foulée au ministère de l'Intérieur. Compte tenu de l'appartenance d'Ursy au Corps, cette information fut considérée comme sensible et parvint au cabinet de Buisson avant tout traitement. Là, quelques conseillers, membres du Corps, informèrent Ursy qu'ils enterraient le sujet.

L'impunité systémique fonctionnait à merveille.

Les semaines passèrent et la pression des écologistes s'amenuisa, fatigués par les coups bas dont ils ne s'expliquaient pas la provenance.

Ursy pensait en avoir terminé quand le danger arriva d'où il ne l'attendait certainement pas. Afin de clore le long processus auquel le projet était soumis, être autorisé à lancer les travaux, et saluer définitivement le succès d'Ursy, restait à obtenir le quitus des services de l'environnement, instance *indépendante* chargée de valider la conformité à la loi. Son directeur, David Gaufre, étant du Corps, Ursy avait considéré, à tort, cette étape comme une formalité et ne lui avait pas accordé la même attention qu'à Bouzy. L'analyse du dossier fut confiée à une subordonnée, une jeune femme courageuse, et responsable, comme tant de jeunes ingénieurs de cette génération, conscients de la tâche immense que leur léguait la génération précédente face à l'urgence climatique. Sans surprise, elle releva qu'en l'état le projet était de nature à porter une atteinte certaine à l'environnement. En conséquence, elle rédigea une note officielle et la fit signer par Gaufre. Le projet n'obtiendrait pas l'autorisation pour l'entrée en travaux.

Il venait donc de recevoir son possible arrêt de mort.

La note eut l'effet d'une bombe dans le paisible ciel d'Ursy. Depuis quelques jours, il avait commencé à tirer des plans sur la comète et à penser au poste d'après, avec la rosette à la boutonnière. Il lui fallut retrouver la brutale et insupportable réalité. Par chance pour lui, Gaufre retint in extremis la note avant sa diffusion. Pour masquer son incompétence et les méthodes de son directeur, Pluchon ne sut donner qu'une seule explication : « *Les activistes ont infiltré l'autorité environnementale* ». Explication plutôt pauvre, mais symptomatique de l'état d'esprit d'une médiocrité qui ne parvient pas à s'assumer médiocre. La théorie du complot était la réponse à tous ses manquements.

Buisson, qui voyait s'envoler en fumée son plus bel argument de campagne, prit son téléphone et appela Ursy.

– Ursy ? interrogea le ministre avec une voix qui ne laissait aucune place possible à l'atermoiement.

– Bonjour monsieur le ministre, décrocha Ursy, en essayant de conserver sa voix claire du mieux qu'il pouvait.

– Pouvez-vous m'expliquer comment on en est arrivé là ?

– La note ne m'a pas été soumise.

– Comment est-ce possible ? répéta Buisson. J'avais insisté pour que tout soit bordé ! Comment peut-on être aussi négligent ?

– Nous pensons que des activistes ont infiltré l'autorité environnementale, répondit Ursy reprenant, faute de mieux, l'explication de Pluchon.

– Qu'est-ce que vous me racontez là ? dit Buisson en haussant le ton.

– Nous disposons d'éléments troublants... fit timidement Ursy, tentant son va-tout et percevant que son ministre semblait étanche à son explication.

– Si c'est vrai, on verra ça après ! Pour l'heure, comment comptez-vous régler le problème ? Combien de personnes sont au courant ?

– Très peu chez moi et je pense pareil chez Gaufre.

– Il faut agir au plus vite, avant que des gens se mettent à parler. J'ai lu en diagonale sa note. C'est quoi cette histoire d'œdèmes ?

– Euh... les œdicnèmes criards[37], monsieur le ministre, ce sont des oiseaux. Un membre de la LPO[38] a dû en voir un sur une dune. On nous reproche de ne pas mettre un dispositif dans le projet pour éviter de les tuer, répondit Ursy de manière neutre.

– Ah, les écolos, ils sont champions pour inventer des noms pareils ! Ce n'est pas un malheureux oiseau qui va nous empêcher de faire les travaux, tout de même ! Il est fou ce Gaufre... Je vais l'envoyer compter les kangourous en Australie, moi ! s'emporta Buisson.

– Je m'en occupe immédiatement, monsieur le ministre, répondit Ursy comme un petit garçon qui cherche coûte que coûte à retrouver l'attention bienveillante de son instituteur et, surtout, trop heureux d'avoir réussi à détourner la colère du ministre sur son collègue.

Après avoir raccroché, Ursy comprit qu'il n'avait que quelques heures devant lui.

Une seule chose à faire : filer chez Gaufre. Il sauta dans sa voiture et se rendit à son bureau. Il le trouva derrière sa table de travail, assis comme un cow-boy sur la selle de cheval qui lui servait de fauteuil.

– David, j'ai eu Buisson au téléphone. Il est furieux !

– Pourquoi ?

– La note ! C'est une catastrophe. Si tu ne la changes pas tout de suite et que tu la publies en l'état, le projet est mort !

– Je comprends, mais que veux-tu que je fasse, ma collaboratrice n'a fait qu'appliquer la loi.

---

37. L'œdicnème criard est une espèce protégée d'oiseaux migrateurs.
38. Ligue de protection des oiseaux

– Mais les enjeux dépassent très largement la loi ! Tu ne comprends pas ?

Visiblement, Gaufre n'avait pas mesuré ce qu'Ursy appelait « *les enjeux* ». En quelques mots, ce dernier les lui expliqua. Gaufre sentit le vertige le gagner.

– Il faut que tu changes la conclusion.

– C'est impossible !

– Tu n'as pas le choix… Et puis, on ne sera que deux à le savoir. Et il faut aussi que tu changes certaines formulations, car sinon les écolos vont attaquer le projet.

– Et ma collaboratrice, elle sait…

– Tu la mutes !

– C'est la meilleure, je ne peux pas.

– Écoute, tu lui donnes une promo. Ça fait mieux passer la pilule.

C'est ainsi que, derrière la table de travail de Gaufre, l'avis négatif des services de l'environnement, instance indépendante et pilier de la vie démocratique, se transforma en un avis neutre, et que le texte fut remanié pour éviter un recours des écologistes.

Le soir même, Gaufre envoya un mail laconique à Ursy avec le nouvel avis et ajouta cette mention : « *Tout est réglé. L'avis précédent n'a jamais existé…* ».

Le projet était sauvé. Plus rien ne semblait pouvoir se mettre sur son chemin. L'environnement, la biodiversité et le réchauffement climatique attendraient. Le lendemain, Faraud s'empressa de rédiger un article avec un titre triomphaliste.

Ursy exultait, et Bouzy désespérait.

# Chapitre 14
# Les dominants

*« Les temps difficiles créent des hommes forts,*
*Les hommes forts créent des périodes de paix,*
*Les périodes de paix créent des hommes faibles,*
*Les hommes faibles créent des temps difficiles. »*

Ibn Khaldûn

Dans l'euphorie, Ursy transféra pendant la nuit le mail de Gaufre à deux de ses collaborateurs.

Au petit matin, Coulanges découvrit avec effroi la supercherie. Il lui fallut relire le mail trois fois pour prendre la pleine mesure de ce que les deux amis du Corps avaient fait ensemble. Il se sentit blêmir. Sa représentation du monde et de la société s'effondrait définitivement. Ce à quoi il avait cru n'existait pas.

Depuis qu'il côtoyait Ursy, ses doutes s'étaient alourdis au fil du temps. Il l'avait vu se complaire dans un comportement profondément critiquable. Ursy, nommé par décret présidentiel, ne se considérait pas comme un sujet de la loi. Et pourtant, en lettres d'or et la main sur le cœur, il ne manquait pas d'inscrire partout son engagement responsable pour une société plus juste et plus respectueuse.

Coulanges observa Pluchon qui faisait partie des destinataires du même mail. De toute évidence, celui-ci était ravi et le manifestait bruyamment, criant victoire sur tous ces « *cons d'écolos* ». En arrivant le matin, il s'était empressé de courir jusqu'au bureau de son directeur pour être le premier à le féliciter, énième occasion de lui marquer sa soumission. Confronté à l'action de son directeur, Pluchon ne voyait rien d'autre qu'un succès éclatant. Dépourvu de tout esprit critique et de toute virilité qui oblige à la vérité, avec le temps, la manipulation d'Ursy l'avait transformé en une sorte d'eunuque béat. Il était le courtisan à la claque bruyante, ayant trouvé là un rôle qui lui allait comme un gant. Il n'était plus seulement un « bien-pensant », il était devenu un « rien-pensant » au contact d'Ursy. Des années de pratique avaient fait de ce comportement servile, intéressé et empreint de duplicité, une manière d'être naturelle. La servilité l'avait dépouillé de toute dignité, aussi n'hésitait-il pas à se montrer obséquieux avec ceux qui lui étaient utiles, et odieux avec ses collaborateurs.

Un individu comme Ursy ne serait rien sans d'innombrables Pluchon. Ce sont les Pluchon qui, dans une société libre, permettent à ces hommes d'être ce qu'ils sont et les autorisent à faire ce qu'ils font. Par leur veulerie et leur soumission inconditionnée, ils donnent foi à la conviction de supériorité des Ursy. Les deux avancent en tandem.

Coulanges était le seul à être en mesure de stopper ce duo. Il se sentait mal, travaillé intérieurement par un conflit éthique difficile à résoudre. Même s'il lui paraissait nécessaire de dénoncer ce dont il était témoin, il savait que le faire serait dévastateur et violent. Il savait qu'il se retrouverait seul face à une machinerie aux ramifications destructrices. Enfin, il savait qu'Ursy et ses acolytes seraient sans scrupule, car pleins d'une toute-puissance qui ne s'encombrait pas de cadre moral.

Toute la journée, il fut traversé de résolutions contradictoires, partagé entre la voix de sa conscience qui lui soufflait « *Tu dois le faire* » et une autre qui l'en décourageait « *À quoi bon ? Tu ne peux rien contre lui. Tu vas te faire broyer* ».

Avec ironie, lui vint à l'esprit la charte qu'Ursy avait signée sous les appareils photo des journalistes et les félicitations des politiques. Elle disait sa ferme détermination à protéger les lanceurs d'alerte dans l'établissement, lui qui portait si haut les valeurs d'honnêteté et de respect.

Le soir, Coulanges rentra chez lui, l'esprit brisé par une migraine. La nuit fut longue, sans sommeil. Mais au petit matin, sa décision était prise. Il devait le faire. Il ne pouvait pas laisser faire son directeur. Il prendrait donc le temps nécessaire pour réunir les documents qui lui seraient utiles. Cette décision lui fit du bien. Il se sentit lavé de l'intérieur. L'état d'esprit d'Ursy souillait tout depuis quelques années.

Durant la matinée, probablement intrigué de ne pas avoir vu Coulanges la veille, Ursy déboula dans son bureau et, avec la mine ravie, lui dit :

– Tu as vu comme on y est arrivés ?

– J'ai vu ton mail en effet. Gaufre a donc repris l'avis initial ?

– Si tu avais vu ce que je lui ai mis à Gaufre ! Il n'avait rien compris aux enjeux. Incroyable ! Je l'ai secoué comme jamais il a dû l'être. Ça a méchamment chauffé ! Il s'en rappellera, fit Ursy en fanfaronnant.

– Il n'a pas dû trop apprécier à son niveau.

– Ça, je m'en fiche complètement. Il n'avait rien compris aux enjeux et il allait tous nous planter.

– Tu as raison mais, si j'ai bien compris, les enjeux économiques ou politiques du projet ne doivent pas entrer en ligne de compte dans son avis puisque celui-ci est purement environnemental.



Chapitre 14 Les dominants

– Attends ! Ils nous emmerdent avec ses oiseaux et ses fleurs protégées. D'ailleurs, pour ce qui est des fleurs, si Pluchon m'avait écouté, on n'en serait pas là. Je lui avais demandé de les arracher pendant la nuit pour que l'étude environnementale n'y fasse pas référence. Mais il a eu peur. De toute façon, ce n'est pas avec des fleurs qu'on va empêcher le réchauffement climatique. Ils sont vraiment complètement à côté de la plaque au ministère, répondit Ursy.

– Tu lui as forcé la main à Gaufre. Si ça se sait, on sera mal…

– Comment ça, je lui ai forcé la main ? Il n'avait pas le choix ! Et surtout je lui ai permis de ne pas prendre une soufflante de Buisson. Mais pourquoi tu me dis « *si ça se sait* » ? lui dit Ursy qui prit soudain un ton soupçonneux.

– Je dis ça parce qu'il ne doit pas être seul à le savoir dans son service, et parce que son mail n'était pas vraiment prudent.

– Tu sous-entends quoi ?

– Rien de particulier, c'est juste un constat. Si ce genre de document finit dans les mains des écologistes, j'imagine qu'ils s'en saisiront immédiatement. L'indépendance du service environnemental sera mise à mal et, pour ce qui est de notre crédibilité, je ne t'en parle pas. En cas de recours de leur part devant la justice …

– Qui parle d'un recours devant la justice ? Il faut être positif, le coupa Ursy.

Il laissa passer quelques instants, puis reprit lentement :

– Tu m'inquiètes, Vincent. Au lieu de te réjouir, tu me parles de justice. Il y a un problème ? Si oui, dis-le-moi tout de suite, déjà que je t'ai trouvé bien compliqué avec les emplois du projet, fit Ursy en accentuant sur la seconde partie de la phrase.

Il ne laissa pas à Coulanges le temps de répondre, lui jeta un regard duquel il avait retiré toute expression sympathique et tourna les talons.

Ursy avait compris. Confondant une fois de plus soumission et loyauté, il comprit qu'il ne pouvait plus compter sur la loyauté de son collaborateur. Cela faisait de trop nombreux mois qu'il ne le supportait plus. Il avait fait son possible pour n'en rien laisser paraître mais, plusieurs fois, il n'avait pu cacher son irritation en l'entendant s'exprimer mieux que lui, ou avoir des idées fortes. Il se rappelait encore cette imbécile de Judith qui, après une présentation du projet devant un public averti, s'était précipitée pour lui dire en riant : « *Pas terrible ton intervention. Coulanges a été bien meilleur que toi !* ». Quand il prenait la parole, il ne supportait plus qu'on lui demande : « *Et qu'en pense Coulanges ?* ». Il en avait assez de devoir sourire et faire son éloge quand des experts en stratégie venaient lui dire que, s'ils acceptaient de travailler avec le port, ils le faisaient en raison de la présence de Coulanges qu'ils qualifiaient de « *visionnaire* ». Il en avait par-dessus la tête qu'il rencontre le ministre, ou des PDG de sociétés. Bref, ces humiliations répétées pour un homme de son rang devaient cesser. Il avait parfaitement compris ce que voulaient lui faire comprendre ces « experts » qui ne se cachaient pas pour critiquer vertement la gestion des ports en France. Sa patience avait trouvé sa limite. Un homme du Corps ne devait pas subir cela. Il fallait que tout cela cesse et que les choses reprennent leur cours normal. « *Pas de putsch !* », avait-il pourtant dit le plus clairement possible. Mais Coulanges n'avait manifestement pas compris. En sortant de son rôle de *technicien,* il occupait une place qui ne lui revenait pas. Ursy avait essayé de l'envoyer loin avec une promotion puis, changeant de méthode, l'avait menacé. Sans succès. Coulanges, insensible aux menaces, lui avait simplement répondu qu'il n'était pas carriériste et qu'il cherchait avant tout à bien faire son métier. Cette réponse avait été incompréhensible pour Ursy. Il ne l'avait pas cru, flairant en lui la volonté de le pousser dehors.



Chapitre 14 Les dominants

Coulanges voulait jouer avec le feu. Alors il connaîtrait le feu. Un *technicien* qui n'était pas *soumis* à un membre du Corps était à détruire. Ursy en ferait un exemple.

S'il y avait une chose particulièrement redoutable chez Ursy, c'était bien la maîtrise de son comportement. Les hommes petits se concentrent souvent sur cette attitude dont ils font une compétence supérieure à toute autre. Ils s'imaginent pouvoir ainsi enjamber les lacunes rédhibitoires qui auraient dû, dans un monde normal, les reléguer loin de l'élite.

Dès le lendemain, Ursy donna à Coulanges l'impression d'avoir oublié la discussion de la veille. Il afficha un ton jovial comme à son habitude. Les semaines passèrent et Coulanges put imaginer que cette petite parenthèse n'avait pas entamé la confiance d'Ursy. Il pouvait donc prendre son temps pour rassembler les documents dont il avait encore besoin et il gardait le choix du moment opportun pour la dénonciation.

Curieusement, Ursy se mit à lui parler de plus en plus régulièrement de Tisserand[39].

– Monte un dossier contre lui et licencie-le, demandait-il à Coulanges avec insistance.

– Tu sais bien que nous n'avons rien contre lui. On ne peut pas le licencier sans motif.

– Et pourquoi pas ? Ce ne serait pas le premier. Il met la zizanie. Je ne veux plus de lui. Tu me le sors, il est sous ta responsabilité. Tu t'en occupes.

Coulanges rapporta au DRH cette insistance d'Ursy. Ni l'un ni l'autre n'en comprirent sur le moment la raison. Il est vrai aussi qu'ils

---

39. Voir note 14

accordaient peu de temps aux calculs tordus d'Ursy, occupés qu'ils étaient à gérer une grande partie des sujets.

Tisserand, qu'Ursy se plaisait à nommer aussi « Detritus », était un homme qui maniait le mensonge avec aisance, au point que le DRH l'avait désigné comme *pervers narcissique*. Il y avait en effet chez cet homme une capacité manipulatrice hors-norme, effrayante même avec les salariés naïfs. Ursy avait su le reconnaître dès le premier jour où il avait croisé Tisserand. La perversité se reconnaît elle-même. Il savait donc de quoi était capable cet homme. A la suite du rapport de Morin, Ursy avait compris que la situation, alors rencontrée avec le personnel, ne devait pas se reproduire. Après réflexion, il avait trouvé avec Tisserand son « *coup d'après* ». Il marquerait définitivement les esprits et aseptiserait le personnel de toute nouvelle revendication. Le coup serait génial. Il fallait attendre que le fruit mûrisse encore un peu.

Tisserand était un cadre opérationnel gérant plusieurs installations. L'une d'entre elles était en cours de mise en service. Celle-ci s'avérait délicate. Tisserand fit plusieurs erreurs grossières, chercha à les masquer, mais fut dénoncé par un de ses collègues dont il pensait être l'ami. Pour Ursy, le fruit était presque à point. Il suffisait désormais de tendre la main. Il exigea donc de Coulanges qu'il prépare le licenciement de Tisserand. Le missile Tisserand était activé.

Tisserand fut convoqué par Coulanges. Il réagit comme un pervers narcissique, profondément meurtri que l'on puisse reprocher quoi que ce soit à son *moi* qu'il avait érigé en monument grandiose. Le missile vint donc frapper Coulanges qui se vit accusé de harcèlement moral en riposte.

Ursy sourit, fier de lui. Il avait parfaitement calculé. Il adorait cela. Jouer avec les uns et les autres, ou les uns contre les autres était devenu au fil des années une véritable passion. Nul doute, il était de l'élite, et de la plus pure qui soit. Tous ces champions de la stratégie, de l'économie ou de l'industrie, qui l'avaient nargué et humilié avec Coulanges n'y comprenaient rien. Ils n'étaient que des *techniciens*. On en trouvait quinze à la douzaine des hommes comme eux. Mais les hommes comme lui avaient un génie particulier.

Ursy reçut la plainte de Tisserand comme une friandise. Il simula l'empathie et Tisserand n'en concentra que plus intensément sa haine contre Coulanges. Même s'il savait que Tisserand mentait, Ursy annonça qu'il lançait une enquête pour caractériser les faits de harcèlement moral, sûr de son effet dévastateur. Pour ce faire, il reprit sans originalité la « méthode Morin » et nomma Bourain, pour la piloter. Il le choisit médiocre, probablement dans le large vivier des frères maçons en peine de revenu. En parallèle, contre service, il donna carte blanche à Baron pour organiser le lynchage de Coulanges et recueillir quelques témoignages à charge que des esprits fragiles, façonnés par Tisserand, rédigeraient. La récolte fut bonne. « Coulanges ne pourra se dépêtrer de tous ces mensonges. Lui qui aime tant la vérité, il va imploser », se disait Ursy. Il se félicitait de sa subtilité. Agir sans trace et par procuration, tout en distribuant autour de soi une empathie de synthèse. Jusqu'au plus haut sommet de l'Etat, on trouvait cette même attitude, si caractéristique de ces hommes convaincus de leur extrême supériorité et refusant d'assumer ce que leur personnalité d'imposteur avait de sordide. En ces temps, être un maître de l'illusion assurait beaucoup plus facilement une place dans l'élite que tout autre chose. Ces hommes avaient en tête que le peuple réclamait de l'élite une certaine exigence morale. Alors, ils faisaient en sorte que d'autres assument pour eux le sordide visqueux dont ils étaient capables.

La plainte de Tisserand eut l'effet voulu. L'effet de sidération était total, et l'humiliation de Coulanges, complète. Ursy avait libéré la perversion, et jeté le discrédit sur un homme, avec la glu visqueuse de l'opprobre. Il fallait taper très fort et s'assurer la soumission de tous pour longtemps. Plus personne ne se risquerait à le contredire.

Mais il voulait aller plus loin encore. Sa rancune resterait telle une chair à vif tant qu'il n'aurait pas sali, ravagé Coulanges pour le mettre hors d'état de lui nuire de nouveau. Détruire sa parole et l'anéantir. Ursy avait une envie de tuer.

Il se réjouit des témoins à charge que Baron et Tisserand avaient convaincus. Parmi eux, il y avait cette femme qui avait déclaré haut et fort qu'elle voulait accompagner les malades à Lourdes. La quarantaine passée, Tonnot était comptable, petite femme rondouillarde et naïve. Frustrée dans son couple, elle avait développé en compensation un orgueil devenu l'entière expression de sa personnalité. Aussi, convaincue d'être intelligente et jolie, elle se faisait enjôleuse avec ses supérieurs, tout en pratiquant une brutalité méchante avec ses collaborateurs. Cette femme à l'esprit étriqué, au rire extravagant et vulgaire, était à la merci de tout manipulateur en quête d'une marionnette destructrice. L'esprit retors d'Ursy reconnut en elle le poignard définitif avec lequel il frapperait Coulanges.

Il savait que Tonnot manifestait une attirance pour Coulanges. Ce dernier lui en avait parlé, ainsi qu'au DRH, riant de l'insistance peu discrète de cette femme. L'admiration n'était pas réciproque. Ursy voulut cependant sonder Tonnot. Il prétexta avoir besoin d'un renseignement et lui demanda de le rejoindre dans son bureau. Il l'accueillit avec un large sourire. Flattée, celle-ci lui retourna un visage réjoui. Ursy lui désigna aimablement une place à sa table de réunion, puis l'interrogea sur un point précis d'un récent rapport comptable. Elle lui répondit sans hésitation. Il n'avait que faire de sa réponse, mais il prit le temps de l'écouter en manifestant une grande attention. Elle en fut heureuse. Une fois qu'elle eut fini, il marqua un court silence, puis dit :

– Merci, Blandine. Vous êtes très claire. Vos explications me satisfont grandement. J'ai rarement vu une telle clarté. Notre comptabilité est bien gardée !

L'usage du prénom et le compliment firent mouche instantanément. Tonnot sourit avec candeur et rougit.

– Je suis désolé de vous avoir dérangée, reprit Ursy.

– Mais je suis à votre disposition, monsieur le directeur ! Et puis, il est si agréable d'échanger avec vous, dit-elle en se baissant pour ramasser une feuille qui était tombée, offrant ostensiblement du même coup à Ursy une vue plongeante sur sa poitrine que dégageait une robe au très large décolleté et qu'elle avait opportunément mal ajustée. Ursy laissa son regard rejoindre la poitrine de Tonnot. Ce n'était pas la première fois que cette femme agissait de la sorte. Il se reprit et poursuivit :

– Je vous remercie, sincèrement. J'avais besoin d'éclaircir ces points suite à une information qui m'avait été donnée. Je sais désormais qu'elle était erronée.

Le visage de Tonnot se transforma, laissant paraître une expression inquiète.

– Erronée, monsieur ?

– Oui, c'est ce qu'il m'a dit. Mais n'y pensons plus, répondit Ursy en souriant et d'un air faussement détaché.

– Pouvez-vous m'en dire plus ? insista Tonnot.

– C'est Vincent qui m'avait parlé d'erreurs nombreuses dans ce rapport. Il s'est visiblement trompé, ça peut arriver, dit-il en prenant le premier mensonge qui lui traversait l'esprit.

– Des erreurs dans mes rapports ? s'offusqua Tonnot dont le visage devint rouge sous l'effet de l'indignation.

– Oui, c'est bien ce qu'il m'a dit, fit Ursy.

Tonnot le fixa avec intensité, ses gros yeux pleins de colère. Il comprit que Baron et Tisserand avaient bien travaillé. Puis, il reprit après un moment de silence.

– Nous avons été nombreux malheureusement à nous faire manipuler par Vincent. Il y a des hommes qui sont machiavéliques. Je n'aurais jamais cru. Mais, j'ai dû me rendre à l'évidence. Vous êtes au courant que j'ai dû lancer une enquête le concernant ?

– Bien sûr ! Tout le monde est au courant. Monsieur Tisserand m'a raconté comment il me dénigrait dans mon dos, et je ne suis pas la seule ! C'est un salaud, excusez-moi, mais je n'arrive pas à dire autre chose.

– Je comprends, ne vous en faites pas. Je suis sous le choc aussi. Je n'ai rien vu venir. Il a agi avec tellement de duplicité. Et lui qui se donnait des allures d'homme respectable... Tenez, je le voyais toujours très aimable avec vous, tandis qu'avec moi il ne tarissait pas de critiques à votre sujet, lui annonça Ursy sans se troubler de son nouveau mensonge.

– Quel salaud ! murmura Tonnot, la mâchoire serrée et le regard fixe.

Tonnot restait muette, visiblement perdue dans ses pensées. Ursy poursuivit sous le ton de la confidence.

– Blandine ? Vous avez quelque chose à me dire ?

– J'ai commencé à rédiger pour monsieur Baron une attestation écrite, mais peut-être que je vais la reprendre.

Incapable du moindre esprit critique, la trahison qu'elle ressentait était si violente qu'elle n'avait plus que la vengeance en tête. Ursy l'avait bien jaugée. Elle reprit :

– Après tout ce que vous me dites, oui, j'ai quelque chose à dire. C'était il y a quelques semaines. Je n'avais pas voulu en parler, mais il a eu des propos odieux. Il m'a dit le mot « fantasme » en réunion, dit-elle en éclatant en sanglots du mieux qu'elle put.

– Ah … je le craignais… fit doucement Ursy.

« Maintenant, le fruit est mûr », se réjouit-il, en la voyant mordre si joliment à l'hameçon.

– Le mieux, c'est d'écrire, Blandine. Il ne faut pas laisser ce souvenir vous faire du mal. Sachez que je vous soutiendrai toujours. La parole des femmes doit être libérée. Vous connaissez mon engagement sans faille pour le respect et la bienveillance.

– Merci, monsieur le directeur, fit Tonnot qui repartit en faisant mine de sangloter.

Ursy avait réussi. Il se nota de la gratifier d'une voiture de fonction. Elle le méritait.

Une fois dans son bureau, laissant éclater sa colère, elle se précipita sur Internet pour chercher la définition du harcèlement sexuel. Elle compléta son attestation en inventant des faits, et accusa Coulanges de harcèlement sexuel. Le second missile serait encore plus dévastateur que le premier. Coulanges allait se dissoudre dans l'acide de la honte. Méticuleux, froid et sans scrupule, Ursy avait agi avec méthode.

Suivant à la lettre ses consignes, Bourain rassembla avec gourmandise les attestations à charge, et refusa de considérer les attestations à décharge. Mais des voix courageuses se levèrent parmi le personnel pour dénoncer un tel traitement. Stupéfait qu'il puisse encore rester des salariés courageux, Ursy dut consentir à ce qu'ils soient reçus par Bourain. Ces salariés déposèrent leur témoignage, réduisant à néant le plan d'Ursy qui n'eut donc plus qu'une seule solution : les réécrire en secret pour les rendre sans intérêt. Bourain les certifia conformes et poursuivit son simulacre d'enquête. Cependant, ne pouvant faire abstraction des voix courageuses, il fut contraint de la conclure dans une impasse. Une sorte de « *en même temps* » qu'en cette époque l'élite trouvait habile. L'acharnement d'Ursy n'avait pu avoir raison du courage. Coulanges était blanchi.

Mais, par dépit, il licencia Coulanges et le calomnia jusqu'au plus profond de son réseau professionnel. Celui-ci ne pouvait se défendre. L'avilissement qu'il eut à subir fut tel que, anéanti dans la dépression, il hésita aux portes du suicide. Ursy le savait et en profita, poursuivant ses calomnies en public. Enfin, pour aller jusqu'au bout de sa rage exterminatrice, il s'appropria des effets personnels de son collaborateur trouvés dans son bureau.

Coulanges avait eu la réponse à sa question : « *Jusqu'où peut aller cet homme pour se protéger et conserver son impunité ?* ». La réponse était claire : « *Jusqu'à tuer* ».

Fort heureusement, malgré l'accointance entre un des juges et un proche d'Ursy, la Justice[40] donna raison à Coulanges et condamna lourdement Ursy, reconnaissant son stratagème. Un avocat confia à Coulanges n'avoir jamais vu chez un employeur une telle perversité.

Coulanges alerta le Conseil de surveillance du port, Bercy et le ministère des Transports, sanctuaire du Corps. Il ne reçut aucune réponse.

Ursy l'avait précédé en imposant sa vérité pour qu'elle devienne la vérité du Corps.

Ils ont mis en place un système pour se protéger, un système pour dominer. Voilà ce qu'est leur impunité.

L'humiliation et le cynisme sont les armes de leur domination.

Ils ne sont pas l'élite. Ils sont des dominants.

---

40. Jugement des prud'hommes, décembre 2021.

# Épilogue



Alors que, dans les pays voisins, les ports sont de puissantes locomotives de leur dispositif stratégique et commercial, en France, ils régressent, privant notre économie d'un moteur capital. Une des causes majeures de cette situation est à trouver dans l'état d'esprit décrit par ce témoignage.

Ce constat ne permettrait-il pas aussi d'apporter un éclairage sur les raisons du délitement des grands services publics français ? Qu'il s'agisse de l'éducation, de la santé, de la protection sociale, de l'énergie..., ces domaines firent longtemps de la France un pays admiré partout dans le monde. Mais depuis trois décennies, ils ne cessent de s'effondrer, de craquer sous une bureaucratie étouffante, ou de faire les frais de décisions qui les ont définitivement affaiblis.

Dès lors, n'est-il pas raisonnable de penser que l'état d'esprit dénoncé par cet ouvrage pourrait être la cause endémique de ce mal français ? Pourquoi y aurait-il une spécificité portuaire circonscrivant ce mal aux seuls ports ? Or, ce qui fonde cet état d'esprit se retrouve dans tous les grands corps d'Etat. Il n'y a donc probablement pas de spécificité portuaire.

Aussi, mon *intuition* est que cet état d'esprit est *la raison même* de l'effondrement que nous subissons, impuissants, depuis environ trois décennies.

En 1942, le maréchal Pétain demanda à l'ensemble des préfets de lui prêter serment. Tous l'ont fait comme un seul homme. Lorsque la même demande fut faite aux magistrats, un seul a refusé. Devant le péril, l'élite a donc capitulé et s'est compromise. Sans aucun état d'âme, elle a livré le pays aux loups pour conserver son domaine d'impunité, de privilèges et d'honneurs.

Au sortir de la guerre, lorsqu'il a fallu reconstruire le pays, le courage et une profonde expérience de vie étaient des critères déterminants pour être recruté parmi ceux qui furent les prédécesseurs d'Ursy[41]. Au fil des décennies, par intérêt corporatiste, ces critères ont disparu pour favoriser conformisme, habileté et bureaucratie. Et, tels des clones, ces hommes se sont reproduits sur ce modèle. C'est ainsi qu'ils sont devenus *le clan des seigneurs*.

Aujourd'hui, les loups ont seulement changé d'apparence. Ils sont tout autant aux frontières de la nation, qu'en son intérieur. Moins visibles, moins caricaturaux, ils avancent avec le masque d'idéologies politiques, sociales ou religieuses, comme autant de visages différents d'un lent naufrage existentiel, sans compter aussi les enjeux climatiques ou géostratégiques auxquels est confronté le pays.

Comment l'homme ordinaire pourrait-il se sentir à l'abri, alors qu'il perçoit que nombre de ses élites n'ont plus le sens de l'État et

41. C'est ainsi que Jean Zay prévoyait dans ses écrits en 1940 la refonte du mode de recrutement des hauts fonctionnaires.

ne regardent pas au-delà de ce qui sert leur carrière ? Quand une société prend conscience qu'elle a perdu le rempart censé la protéger alors, avec effroi, elle fait l'expérience de sa grande vulnérabilité. Elle comprend qu'elle a été dépouillée de son avenir.

Le général de Gaulle avait pour habitude de dire : « *Face aux grands périls, le salut n'est que dans la grandeur* ». Sans grandeur, cette élite assurait qu'au premier péril, il n'y aurait pas de salut. Pour résister aux loups, il faut des hommes capables de résister, des hommes qui privilégient le courage à l'habileté du technocrate, la droiture d'âme au compromis douteux, la vertu à l'intérêt personnel, la vision stratégique à la manipulation. Qui n'a jamais palpé le monde ni expérimenté la rugosité dans sa propre chair, qui aime se jouer d'autrui, sans jamais se donner la peine d'explorer l'inouï de l'âme humaine, devrait être tenu à l'écart de l'élite. Il est incapable de l'incarner.

Qui a pour seul émerveillement la carrière, la médaille ou le privilège, n'a en aucun cas l'épaisseur humaine pour être l'élite.

Souvent, Coulanges s'était demandé comment Ursy aurait agi en 1940. Bien évidemment, à moins d'être profondément présomptueux, aucun homme ne peut se prévaloir du courage nécessaire pour résister, s'il n'a pas déjà passé son propre courage à l'épreuve d'un tel feu. Par contre, il est des hommes dont on sait, parce qu'ils sont *sans race et sans culture*, qu'ils présentent toutes les dispositions à la soumission et à la trahison.

Beaucoup de ces hommes ont *abîmé* l'État. Plutôt que d'être les artisans du futur, ils ont été les artisans besogneux de la faillite du pays, produisant de surcroît une société hagarde par tant de désinvolture et de mensonges. La déliquescence intellectuelle, culturelle, et morale de ces hommes avait fini par l'imprégner au plus profond.

Un pays qui n'est plus capable d'enrichir son élite par des *hommes debout* et au regard sain, mais seulement par des *technocrates* calculateurs et habiles, n'est pas plus capable, par de simples réformes de structure, de retrouver son équilibre ainsi que sa prospérité matérielle et humaine.

La crise est donc de taille. Les hommes censés résoudre les problèmes sont devenus le *problème*.

Pour hâter leur chute, il nous revient de ne pas les suivre, de refuser d'être un homme par lequel passe le mensonge, et de poser une frontière entre eux et nous. Il nous revient de montrer ce que peut être la vérité et à quel point elle nourrit infiniment plus que le mensonge. Il n'existe pas *d'acte de résistance* plus noble et plus juste. Afin que, dans notre société anémiée, s'élargisse le cercle de ceux qui croient en la supériorité de la vérité, et en sa permanence, chacun comprendra l'importance d'exposer au grand jour les pratiques de ces hommes. C'est en montrant comment ils ont su gangréner nos vies par leur mode d'être, et comment ils ont su *habituer* la population à leurs mensonges qu'ils disparaîtront. L'esprit corrompu ne résiste pas à la lumière. Ce serait faire acte de complicité que de rester silencieux après avoir constaté l'état d'esprit de ces hommes. Ils comptent sur le silence de chacun.

Ces hommes ont failli. Notre pays se meurt, étouffé.

Il faudra pouvoir leur dire : « *Allez, allez, en prison ! En prison pour médiocrité*[42] ».

*Il est nécessaire de préparer un autre temps.* Il verra une *radicale* transformation de cette élite, par une sélection qui privilégiera le courage, le goût pour la vérité, le sens de l'abnégation et la foi en son pays. Elle sera la condition *nécessaire* d'un redressement salutaire.

---

42. Henri de Montherlant, *La reine morte*, fin de l'acte I, réplique de Ferrante à Don Christoval.

Il y a *urgence* à réarmer moralement le pays par des hommes loyaux envers leur nation et capables de voir au-delà d'eux-mêmes. Il en va de notre dignité et de notre souveraineté.

Et surtout, il en va de notre *liberté*. Rien de moins.

# Table des matières

www.ingramcontent.com/pod-product-compliance
Lightning Source LLC
LaVergne TN
LVHW051154060726
842526LV00014B/3189